냠냠, 호로록

음식의 역사가 궁금해

별난 세상 별별 역사 ⓫
냠냠, 호로록 음식의 역사가 궁금해!

ⓒ 글터 반딧불, 강영지 2022

처음 찍은 날 2022년 8월 15일
처음 펴낸 날 2022년 8월 29일

지은이	글터 반딧불
그린이	강영지
펴낸이	최금옥
기획	글터 반딧불
편집	고양이
디자인	책읽는소리
펴낸곳	이론과실천
	등록 제10-1291호
	(07207) 서울시 영등포구 양평로 21가길 19 우림라이온스밸리 B동 512호
	전화 02-714-9800 ǀ 팩스 02-702-6655

ISBN 978-89-313-8131-3 73900

* 이 책의 일부 또는 전부를 사용하려면 반드시 저작권자와 이론과실천 양측의 동의를 모두 얻어야 합니다.
* 값 12,000원
* 잘못된 책은 바꾸어 드립니다.

 꼬마이실은 이론과실천 의 어린이책 브랜드입니다.

별난 세상
별별 역사
11

냠냠, 호로록
음식의 역사가 궁금해

글터 반딧불 지음 | 강영지 그림

꼬마이실

★ 별난 세상 별별 역사 시리즈를 발간하며

인류의 역사 시대는 짧게는 2~3천 년, 길게 잡아도 5천 년쯤이다. 이 시간 동안 인류가 이룬 문명은 상상을 초월할 만큼 엄청나다. 선사 시대 원시인들이 올려다보던 달과 별에 지금은 우주선을 쏘아 올리는 시대가 되었으니 말이다. 그런데 놀라운 것은 이런 눈부신 문명의 발전에는 극히 사소한 것들의 역사가 자리 잡고 있다는 사실이다.

사람들은 대개 역사라고 하면 중대한 사건이나 영웅적 인물을 먼저 떠올리기 쉽다. 그러나 그것만이 역사의 전부는 아니다. 알고 보면 역사는 그리 멀리 있지 않다. 예컨대 우리가 일상생활에서 쉽게 접하는 불, 돈, 바퀴는 인류의 3대 발명품으로 꼽힌다. 그만큼 문명의 발전에 크게 이바지했기 때문이다.

원시인이 동굴에서 피우는 불은 그저 모닥불에 지나지 않는다. 하지만 그 열을 이용해 철을 뽑아냄으로써 오늘날과 같은 철기 문명을 일구어 냈다.

바퀴도 다르지 않다. 바퀴라고 하면 대부분 수레나 자동차의 바퀴 따위를 떠올릴 테지만 그뿐만이 아니다. 곡식을 찧는 물레방아도, 바람의 힘을 모으는 풍차도 바퀴의 원리를 이용한 것이다. 창틀 아래에도, 의자 밑에도, 시계 속에도 바퀴가 있다. 지금처럼 교통과 산업이 발전한 까닭도 각종 기계 속에 들어 있는 톱니바퀴의 움직임 덕분이다.

돈 역시 처음에는 거래의 편리함을 위해 만든 것이다. 물물 교환 시대를 떠올려 보자. 소금 한 자루나 쌀 한 자루를 낑낑대며 짊어지고 가서 바꾸려면 얼마나 힘이 들겠는가? 이런 불편함을 덜기 위해 돈이 탄생했지만 진화를 거듭하면서 오늘날 자본주의라는 복잡하고 거대한 경제 구조를 만들어 냈다.

이처럼 우리 생활 속 아주 가까이에는 인류의 역사에 중요한 획을 그은 것이 수도 없이 널려 있다. 눈을 크게 뜨고 보면 역사는 우리가 먹는 밥에도 있고, 늘 입고 다니는 옷에도 있고, 심심할 때 가지고 노는 장난감에도 있다. 신발 밑에도 있고, 시계 속에도 있고, 성냥갑에도 있고, 주머니 속의 동전에도 있다.

〈별난 세상 별별 역사〉시리즈를 만든 것은 그런 이유다. 우리 주위에서 쉽게 마주치는 물건들의 눈을 통해 인류의 역사와 문명을 한번 꿰뚫어 보자는 것이다. 똑같은 역사라도 산업의 관점에서 보는 것과 돈의 관점에서 보는 것, 바퀴의 관점에서 보는 것은 다르다. 이 시리즈에서 주제어가 된 다양한 사물은 인류의 역사적 흐름을 읽어 내는 열쇠 구실을 한다. 그 열쇠로 역사의 문을 열어젖히면 놀라운 일이 벌어질 것이다. 그동안 무심코 지나쳤던 사물 속에서 우리가 미처 알지 못한 재미난 이야기가 수두룩하게 쏟아져 나올 테니까 말이다.

역사를 흔히 큰 강에 비유한다. 하지만 작은 물줄기가 모여야 큰 강이 이루어진다. 인류의 역사도 마찬가지다. 다양한 분야의 역사가 모여 큰 역사가 만들어진다.

세상 사람들은 각각의 생김새만큼이나 서로 다른 관심거리와 취향을 가지고 있다. 정치나 경제, 사회, 예술 같은 무거운 주제에 관심을 가진 이도 있지만 패션, 요리, 장신구 같은 생활 문화나 로봇, 자동차, 컴퓨터 같은 과학 기술, 혹은 우주, 공룡, UFO 같은 신비한 세계에 관심을 가진 이도 있다.

여러분이 어떤 사물에 지대한 관심과 애착을 가진 마니아라면 이 시리즈를 통해 그에 대한 호기심과 갈증을 채울 테고, 그렇지 않더라도 폭넓은 지식과 교양을 쌓을 수 있다. 모쪼록 이 시리즈 하나하나가 여러분이 세상 보는 눈을 키우는 데 보탬이 되고, 다양한 역사 상식을 얻을 수 있는 보물 창고가 되길 바란다.

— 글터 반딧불

차례

프롤로그 - 인류의 역사를 말해 주는 음식

제1장 음식, 문명을 일구다!

1. 원시인들은 무엇을 먹었을까? … 12
2. 인류 최초의 요리법은? … 15
3. 곡식과 함께 자라난 문명 … 18
4. 고대 문명의 전문 요리사, 제빵사 … 21
5. 강력한 국가를 세운 곡식, 쌀 … 25
6. 로마에서는 월급으로 소금을 주었다고? … 29

제2장 문화의 발달과 미식의 역사

1. 신이 내린 열매, 올리브 … 34
2. 캐비어와 화려한 로마의 식탁 … 38
3. 세계인의 음식, 국수의 고향은? … 42
4. 썩거나 맛있거나! … 45
5. 농민의 저장 음식, 소시지 … 49

제3장 역사와 지도를 바꾼 대단한 음식들

1. 유목민의 음식 케밥, 오스만 제국과 함께 세계로! … 56
2. 칭기즈 칸의 군대에는 특별한 것이 있다? … 59
3. 치즈, 굶주림과 전염병에서 인류를 구하라! … 62
4. 부자로 만들어 주는 생선 … 66
5. 커피에 웃고 커피에 울고 … 69
6. 두 개의 전쟁을 일으킨 차 … 73

제4장 신대륙을 찾아 새로운 음식을 찾아

1. 후추를 찾다가 발견한 대륙 … 78
2. 옥수수로 만들어진 사람들 … 82
3. 악마의 열매, 감자 … 86
4. 달콤한 설탕 뒤에 숨은 고통 … 90
5. 피자에 토마토소스가 없었다고? … 93

제5장 미래의 먹거리, 더 맛있게 더 빠르게

1. 세계에서 가장 비싼 수프는? … 98
2. 경제 잡지에 등장한 햄버거 … 102
3. 더 느리게 더 건강하게! … 105
4. 프랑켄슈타인 푸드가 있다고? … 108
5. 최초의 우주 비행사는 무엇을 먹었을까? … 111
6. 미래엔 무엇을 먹을까? … 114

프롤로그

인류의 역사를 말해 주는 음식

사람이 살아가는 데 있어 꼭 필요한 세 가지 요소는 무엇일까? 바로 의식주야. 의식주는 '옷, 음식, 집'을 통틀어 가리키는 말이야. 그중에서도 가장 중요한 걸 꼽으라면 무엇을 고를까? 아마도 음식이 아닐까?

아주 오랜 옛날, 인류의 역사가 시작된 순간으로 거슬러 올라가 봐. 최초의 인류는 아직 옷을 입지도 집을 짓지도 않았지만 음식은 꼭 먹었잖아. 모든 생명체에게 있어 생명을 유지하기 위해 먹고, 쉬는 것은 가장 중요한 일이었단다.

하지만 음식은 단순히 배고픔을 해결하기 위해 먹는 것 이상의 의미가 있어. 음식 하나에도 저마다 흥미로운 이야기들이 담겨 있거든.

그래서일까? 프랑스의 유명한 미식가 앙텔름 브리야사바랭이라는 사람은 음식에 대해 이

런 말을 남겼대.

"무엇을 먹는지 말하라. 그러면 당신이 어떤 사람인지 말해 주겠다."

음식에는 인류의 역사, 자연환경, 그것을 먹는 사람들의 문화, 인간관계와 지위까지 많은 것이 담겨 있다는 뜻이야.

이렇듯 음식은 인류와 함께해 왔어. 그래서 음식의 역사를 알아 가는 건 맛깔스럽게 역사를 공부하기에 정말 좋은 방법이야. 그러니 지금부터 음식을 따라 시간 여행을 해 보는 건 어떨까? 여행하다 보면 음식의 역사가 곧 인류의 역사와 문화라는 것을 알 수 있을 거야.

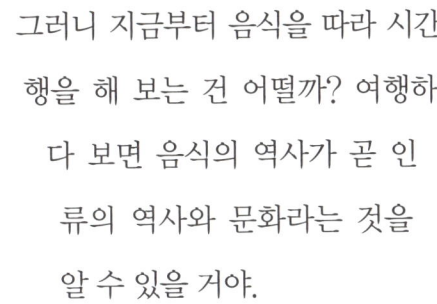

아주 오랜 옛날, 처음 인류가 생겨날 무렵에
우리 조상은 오늘날 우리와 비슷한 모습은 아니었어.
오히려 침팬지나 고릴라와 더 비슷한 모습이었지.
몇백만 년에 걸쳐 인류는 아주 조금씩 변화했어.
그러다가 어느 순간 갑자기 빠른 속도로 발전하면서
지구의 다른 동물들과는 다른 길을 걷게 되었지.
인류에게는 무슨 일이 일어났던 걸까?
어떤 일이 있었기에 오늘날과 같은 인류가 된 걸까?
그 비밀은 바로 우리 조상이 먹었던 음식에 숨어 있어.

음식, 문명을 일구다!

1 원시인들은 무엇을 먹었을까?

먼 옛날 인류의 조상은 무엇을 먹었을까? 아마 알고 나면 깜짝 놀랄걸? 아직 음식을 조리하는 법을 몰랐던 그들은 식물의 잎이나 과일은 물론이고, 벌레, 도마뱀, 커다란 쥐까지 먹을 수 있는 건 뭐든지 먹었거든. 먹을 것을 구하기 어려울 땐 사자나 호랑이 같은 육식 동물들이 먹고 남긴 동물의 사체를 먹기도 했어.

그럴 리가 없다고? 하지만 누구나 그 시대로 가게 된다면 그렇게 될 거야. 그때는 마트나 냉장고 같은 건 없었거든. 심지어 농사를 지어 작물을 기르는 법도, 음식을 보관하고 저장하는 방법도 몰랐지. 그래서 온종일 음식을 찾아다녀야 했어. 깨어서 활동하는 시간에는 늘 음식을 구하러 다녔단다. 수백만 년 동안 인류는 열매나 잎을 따고, 물고기를 잡고, 동물들을 사냥하며 떠돌아다녔어. 긴 인류의 역사에서 시간 대부분을 이렇게 살았던 거야.

우리 조상들이 몇백만 년 동안 한 일이라곤 먹을 것을 구하는 것뿐이었다니 시시하다고? 하지만 그 긴 시간이 아주 쓸모없었던 건 아니야. 먹을 것을 찾기 위해 노력했던 시간을 통해 인류는 아주 조금씩 진화했거든.

약 700만 년 전쯤, 지구에는 인류, 침팬지, 고릴라 등의 공통 조상인 유인원이 살고 있었어. 이때의 인류는 다른 동물들과 다를 바가 없었어. 오히려 다른

동물들과 경쟁하며 살아남기에 바빴지. 빠르고 튼튼한 다리, 날카로운 발톱, 튼튼한 턱을 가진 다른 동물들에게 잡아먹히지 않도록 조심하며 먹을 것을 구하는 건 쉬운 일이 아니었어. 그래서 주로 나무 위에서 지내며 식물의 열매 등을 먹었어.

그러다가 오랜 세월에 걸쳐 지구의 기후가 변하면서 환경도 점차 변해 갔어. 숲은 줄어들고 초원은 넓어졌지. 충분한 음식을 구하려면 위험하더라도 나무 위에서 내려와야만 했어. 약 300만 년 전쯤, 유인원 중 일부는 점차 나무에서 내려와 땅 위에서 생활하기 시작했어. 땅 위의 생활은 이전과 아주 달랐지. 높게 자란 풀 너머로 다른 동물들을 살피기에 네 발로 기어 다니는 건 너무나 불편했어. 두 발로 서서 둘러보는 것이 유리했지. 인류는 땅 위 생활에 적응하면서 점차 두 발로 서서 걷게 되었어.

마침내 두 발로만 걷기에 적응하고 나니 손이 자유로워졌어. 인류는 두 손으로 도구를 잡고 활용하기 시작했어. 덕분에 사냥을 하거나 잡은 동물을 손질할 때에도 도구를 이용해 좀 더 수월하게 작업할 수 있었지.

인류가 손을 많이 사용할수록 손가락은 길어졌고 두뇌도 발달했어. 점차 정교한 직업까지 가능해졌단다. 이렇게 곧게 서서 걷기 시작하면서 현재 인류의 모습으로 진화하는 첫걸음을 떼게 된 거야.

하지만 이때까지도 인류가 먹었던 건 제대로 조리한 음식이 아니라 다른 동물들이 먹는 먹이와 크게 다르지 않았어. 그렇다면 인류는 도대체 언제부터 음식이라고 부를 만한 것을 먹게 되었을까?

2 인류 최초의 요리법은?

　불 위에서 지글지글 맛있게 구운 고기는 동서양을 떠나 많은 사람이 좋아하는 요리야. 요리 방법도 간단하고 맛이 있어 캠핑 등 야외에서 즐기는 요리로도 인기가 많지. 그럼 삼겹살 구이, 불고기처럼 불을 이용해 익힌 요리는 언제부터 먹게 되었을까?

　인류가 불을 이용해 음식을 요리하기 시작한 것은 약 50~100만 년 전쯤이라고 해. 당시 불을 이용하게 된 건 인류 역사에서 정말 대단한 사건이야. 불을 피우는 게 뭐가 대단하냐고? 지금이야 라이터, 가스레인지 등을 이용해 쉽게 불을 피울 수 있지만 초기 인류는 그런 도구가 없었거든. 그리고 불을 어떻게 만들어 내는지도 몰랐어. 불을 피울 생각은커녕 번개가 내리쳐 나무가 활활 타는 모습을 보며 무서워했지.

　하지만 어느 순간 인류는 불이 꽤 도움이 된다는 걸 깨달았어. 캄캄한 밤에는 주변을 환하게 밝힐 수 있었고, 추울 땐 따뜻한 온기를 주었지. 그리고 무엇보다 불로 익혀 요리한 음식은 아주 맛있었어.

　처음에는 자연에서 우연히 얻은 불을 이용했어. 그러다 보니 무리마다 불이 꺼지지 않도록 지키는 일이 매우 중요해졌지. 불을 꺼트리면 새로 불씨를 구하기 아주 어려웠기 때문이야. 아마도 인류 최초의 직업은 불을 지키는 일이 아

원시인들의 요리법

1. 불에 달군 돌들을 구덩이에 넣는다.

2. 고기를 구덩이에 던져 넣는다.

3. 달군 돌들을 그 위에 덮는다.

4. 나뭇가지나 흙 등으로 입구를 막는다.

5. 익을 때까지 기다린다.

6. 맛있게 먹는다.

니었을까?

　불로 조리한 음식은 인류의 진화 과정에서 무척 큰 역할을 했어. 음식을 익혀 먹기 전에는 뇌가 제대로 활동할 만큼 에너지를 얻기 위해 하루에 아홉 시간 동안이나 음식을 먹어야 했을 거라고 해. 익히지 않은 음식을 먹을 땐 아주 많은 양을 먹어야만 우리 몸에 필요한 에너지를 얻을 수 있기 때문이야.

　그런데 익혀 먹은 뒤로는 상황이 달라졌어. 우선 고기와 채소를 불에 익혀 먹었더니 부드러워 먹기도 좋고 소화도 더 잘됐어. 같은 양을 먹었을 때 익히지 않은 음식보다 더 많은 영양소를 흡수할 수 있었지.

　영양분을 충분히 흡수한 덕분에 인류의 몸과 뇌는 점차 더 커졌어. 뇌가 커진 만큼 인류는 더 똑똑해졌지. 도구를 좀 더 섬세하게 사용할 수 있게 되었고, 무리와 전략을 짜서 매머드 같은 큰 사냥감도 잡을 수 있게 되었어.

　주로 사냥을 하는 데에 에너지를 쏟던 인류는 점차 다른 일에 힘을 사용할 수 있었어. 동굴에 벽화를 그리는 등 기록하는 활동을 했고 점차 언어와 사고가 발달하기 시작했어. 천천히 진화하던 인류는 불을 사용해 음식을 요리하기 시작하면서 빠르게 진화하게 된 거야.

3 곡식과 함께 자라난 문명

　인류는 지구에서 몇백만 년 동안이나 먹을 것을 찾아 떠돌아다니며 생활했어. 그런데 약 1만 년 전에 큰 변화가 생겨났어. 떠돌이 생활을 벗어나 한곳에 머물러 살기 시작했거든. 이 일은 인류 역사에서 아주 중요한 사건으로 여겨져. 이때부터 신석기 시대가 시작되었거든. 인류가 새로운 시대를 맞이하게 된 것은 곡식 덕분이었단다.

　부지런히 열매와 씨앗을 모으고, 야생 동물을 사냥해도 먹을 것은 늘 부족했어. 추운 계절이 오거나 사냥에 실패하면 한참을 굶어 죽을 위험에 놓이기도 했어. 오랜 경험을 통해 인류는 충분한 음식을 얻기 위해서 먹이를 찾아다니는 것보다 직접 기르는 게 더 좋다는 걸 깨닫게 되었지. 동식물에 대한 여러 지식과 기술을 쌓아 직접 기르기 시작했어. 어떤 사람들은 염소나 소 등을 키웠고, 어떤 사람들은 밭을 일구어 곡식을 직접 기르기 시작했지. 농사를 짓기 시작하면서 인류의 생활은 이전과 아주 많이 빠르게 바뀌기 시작했기 때문에 농경을 인류 최초의 혁명이라고 부른단다.

　세계에서 가장 먼저 문명을 발달시킨 곳은 메소포타미아, 황허, 이집트, 인더스 문명이야. 세계 4대 문명이 생겨난 시기는 조금씩 다르지만, 모두 큰 강이 있는 곳을 중심으로 생겨났다는 공통점이 있어. 사람들이 농사를 짓기 시작하면서 커다란 강이 있는 곳으로 모여들었기 때문이야. 곡식을 키우려면 많은 양의 물이 필요했거든. 또 강 주변에는 강을 타고 떠내려온 기름진 흙이 쌓여 곡식이 잘 자랐어.

강을 중심으로 사람들이 모여 살면서 마을이 생겨났어. 사람들은 힘을 합해 댐과 수로를 만들고, 밭에 물을 대었지. 곡식을 수확하고, 보관하면서 안정적으로 먹거리를 얻게 되자 문화도 발달하기 시작했어. 마을은 시간이 흐르면서 점차 도시로 발전해 나갔단다. 이렇게 인류가 원시적인 생활에서 벗어나 이룩한 발전된 삶의 방식을 통틀어 문명이라고 해. 곡식과 함께 고대 문명이 탄생하고 문화가 발전하게 된 거야.

영어에서 문화(culture)라는 단어는 경작, 재배라는 뜻의 라틴어 'cultra'에서

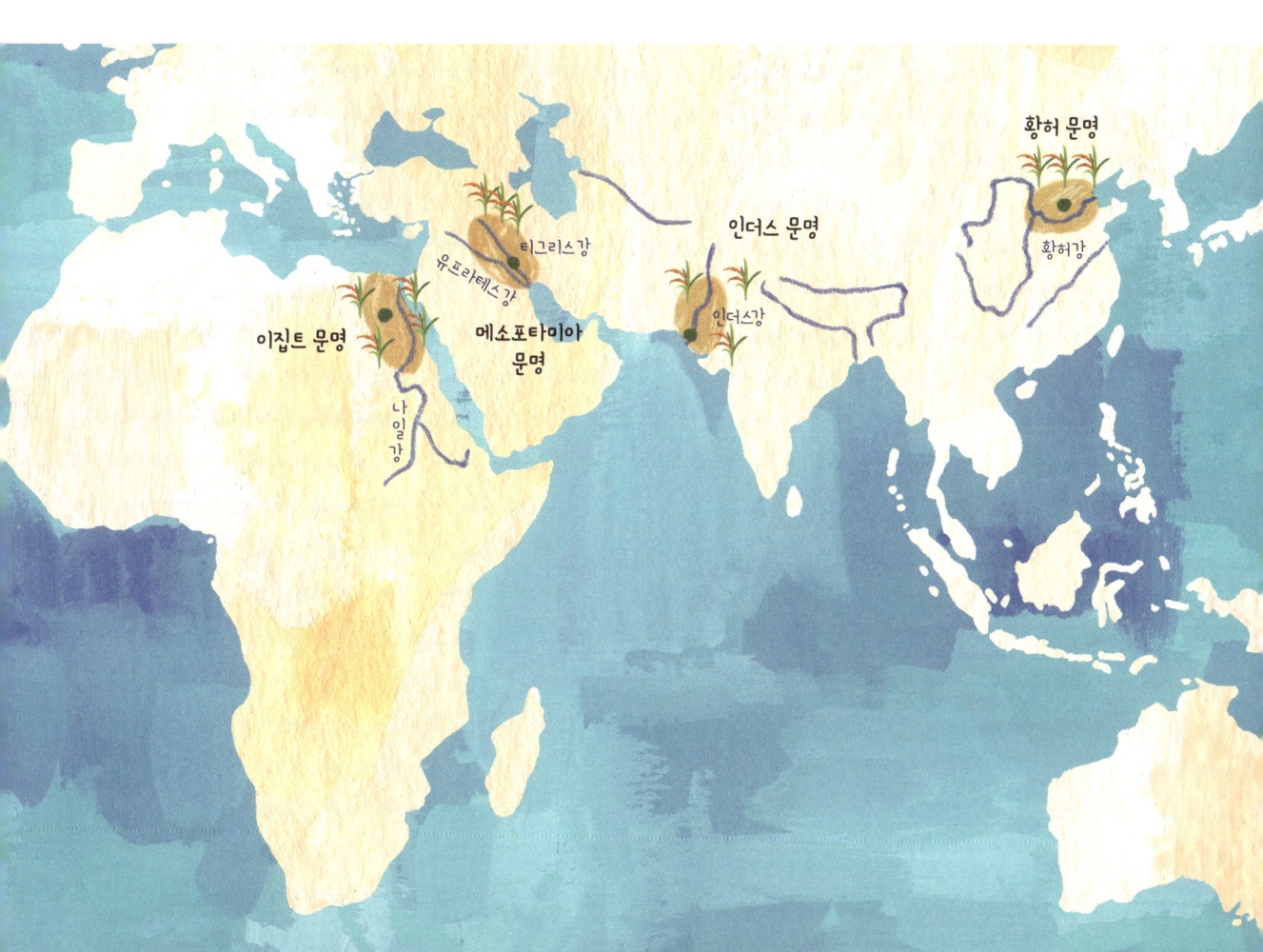

유래했어. 이것만 보아도 농사가 인류의 문명이 탄생하는 데 얼마나 큰 역할을 했는지 알겠지?

최초의 화폐 단위, 세겔

메소포타미아 문명은 가장 먼저 탄생한 인류 최초의 문명이야. 그곳에 인류가 정착 생활을 시작하면서 농사지었던 곡식은 바로 밀과 보리지. 농사를 지어 곡식을 저장하고도 여유가 생긴 사람들은 남는 농작물을 필요한 물건들과 바꿀 수 있게 되었어. 물건을 교환할 때는 화폐 대신 '밀 다발'을 사용했는데, 이걸 '세겔'이라고 했지. 여기에서 비롯해 고대 문명 시기에 만들어 쓴 동전 주화의 단위도 세겔이라고 했단다. 지금도 이스라엘에서는 화폐의 단위로 세겔을 쓰고 있어.

4 고대 문명의 전문 요리사, 제빵사

　빵을 좋아하는 사람이라면 빵집을 그냥 지나치기 어려울 거야. 부드럽고 고소한 냄새를 풍기며 진열된 다양한 빵을 보면 어떤 걸 먹을지 행복한 고민에 빠지기도 해. 빵은 밥과 함께 인류가 주식으로 가장 많이 먹는 음식이야. 그렇다면 인류는 언제부터 빵을 먹기 시작했을까? 인류가 농사를 짓기 시작하면서 가장 먼저 재배한 곡식은 밀과 보리야. 빵의 역사도 그만큼이나 오래되었지.

　세계 4대 문명지 가운데 하나인 이집트에서는 빵을 만드는 원료인 밀을 많이 재배했어. 그래서일까? 빵에 관한 가장 오래된 기록도 이집트에서 발견됐어. 빵을 만드는 모습이 피라미드 벽화에 남겨져 있지. 그 전에도 빵을 먹어 본 사람이 있었을지는 모르겠지만 우리는 기록으로만 확인할 수 있으니 가장 오래된 벽화를 기준으로 삼을 수밖에 없어.

　처음 인류가 먹었던 빵은 오늘날 빵과는 조금 달랐어. 납작하고 딱딱해서 오늘날의 크래커와 비슷한 맛이었을 거라고 해. 고대 사람들이 키우던 야생 밀은 껍질도 잘 벗겨지지 않고 거칠어서 반죽할 때 끈기가 잘 생기지 않았기 때문이야.

　그러던 어느 날, 사람들은 지금까지와는 다른 새로운 종류의 밀을 발견했어. 이 밀은 껍질이 쉽게 벗겨지고 비교적 끈기가 잘 생겨 빵도 좀 더 맛있게 구워

졌지. 그때부터 사람들은 새로운 밀을 재배하기 시작했어.

그리고 이집트 사람들은 그 밀에 효모를 넣어 반죽하면 더 부드럽고 맛있는 빵을 만들 수 있다는 것을 알아냈어. 물론 부드럽고 맛있는 빵은 왕이나 귀족들만 먹을 수 있었어. 보통 사람들은 여전히 납작하고 딱딱한 빵을 먹어야 했지.

　　이집트 벽화를 보면 여러 사람이 전문적으로 역할을 나누어 빵을 만드는 모습을 확인할 수 있어. 처음으로 다른 사람들을 위해 요리하는 문화가 생겨난 거야. 어쩌면 인류 최초의 요리사는 이집트나 메소포타미아 지역에서 빵을 만들던 제빵사일지도 몰라.

훗날 빵 만드는 방법은 고대 그리스와 고대 로마를 거쳐 점차 유럽 전체로 퍼져 나갔어. 그렇게 빵은 서양 사람들의 주식이 되어 인류의 역사와 함께할 수 있었지.

 피라미드를 건설한 노동자가 받은 급료는 빵과 맥주?

맥주를 빨대로 마시고 있는 모습을 담은 고대 이집트 벽화

고대 이집트 피라미드를 지은 일꾼들은 힘들게 일한 대가로 빵과 맥주를 받았다고 해. 한 사람당 빵 세 덩이와 약 2리터의 맥주가 담긴 단지 두 개를 받았지. 이집트의 가난한 농부들은 주식으로 맥주와 양파를 올린 빵을 먹었기 때문이야. 이집트의 맥주는 물에 발효된 빵을 넣어 만들었기 때문에 건더기가 남아 있었다고 해. 그래서 술을 빨대로 마실 수밖에 없었지! 맥주 단지에 짚으로 만든 빨대를 꽂아 먹는 모습은 이집트 벽화에도 남아 있어.

5 강력한 국가를 세운 곡식, 쌀

요즘은 밥보다 빵이나 피자, 치킨을 더 좋아하는 사람들도 많지? 사람들이 다양한 음식을 먹게 되면서 밥의 인기가 조금 줄긴 했지만 오랜 세월 동안 우리나라 사람들에게 가장 중요한 음식은 바로 밥이었어. 갓 지어 김이 모락모락 나는 밥은 구수하고 먹으면 든든하지.

밥의 주재료인 쌀은 밀, 옥수수와 함께 세계 3대 작물로 꼽혀. 세계 인구의 절반에 가까운 수가 쌀을 주식으로 삼고 있지. 재배하는 곳에 따라 쌀의 종류도 무척 다양해.

사람들은 언제부터 쌀을 먹게 되었을까? 그걸 알아보려면 언제부터 벼농사를 지었는지 알아야 해. 쌀은 벼의 껍질을 벗겨 낸 알맹이잖아. 벼농사는 약 1만 년 전부터 인도나 중국, 동남아시아 등의 나라에서 시작되었을 거라고 해. 지금도 아시아 사람들은 대부분 주식으로 쌀을 먹고 있으니 그 역사가 대단하지.

사실 쌀은 밀보다 키우기가 좀 더 까다로운 작물이야. 건조한 기후에도 잘 자라는 밀과 달리 쌀은 물이 풍부하고 날씨도 따뜻해야 잘 자라거든.

그런데도 아시아 사람들은 왜 밀이 아니라 쌀을 주식으로 삼았을까? 쌀은 온대 기후인 아시아 지역에서 잘 자랐고, 같은 넓이의 땅에서 재배했을 때 다른 곡식보다 많은 양을 거둘 수 있었기 때문이야. 또 쌀로 밥을 지으면 두 배 이상 부풀어 올라서 적은 양으로도 배부르게 먹을 수 있었지. 무엇보다 맛도 좋고 영양도 뛰어났어. 아시아 지역 사람들은 벼농사 덕분에 많은 인구를 먹여 살릴 수 있게 되었어.

쌀은 또 하나 아주 큰 역할을 해냈어. 그게 뭐냐고? 바로 국가를 세운 거야. 아시아에서는 왕이 중심이 되어 나라를 이끄는 중앙 집권 국가가 서양보다 빨리 생겨났는데, 그 이유가 벼농사 때문이라고 해.

벼농사는 다른 곡식 농사보다 물이 정말 많이 필요해. 물이 찰랑찰랑한 논에서 농부들이 모내기하거나 벼가 쑥쑥 자라는 모습을 본 적이 있지? 이렇게 벼가 자랄 동안 논에 물을 충분히 대기 위해서는 댐이나 저수지, 수로 등의 시설이 필요했어.

사실 이런 시설을 만드는 건 매우 큰 공사여서 많은 사람이 힘을 합쳐 진행해야 했어. 옛날엔 이런 큰 공사를 모두 사람의 손으로 했기 때문에 정말 많은 노동자가 공사에 동원됐어. 세금을 걷고 공사를 계획하고 많은 사람이 효과적으로 일하기 위해서는 강력한 지도자도 필요했지. 그래서 벼농사를 짓는 지역

에서는 강력한 힘을 가진 왕이 등장할 수 있었던 거야. 쌀은 단순한 음식이 아니라 아시아의 고대 문명을 일으키고, 강력한 국가를 세운 든든한 바탕이란다.

우리나라 사람들은 언제부터 쌀을 먹었을까?

소로리 볍씨가 발견된 유적지에 세워 놓은 소로리 볍씨 조형물

1988년에 우리나라에서 놀라운 것을 발견했어. 충청북도 청주시 흥덕구 옥산면 소로리에서 구석기 시대 유적을 발굴하던 중에 볍씨들이 발견된 거야. 재배된 것으로 보이는 이 볍씨들을 과학적으로 연구해 보니 최소한 1만 3000년 전에서 가장 멀게는 1만 7000년 전의 것으로 밝혀졌어. 소로리 볍씨는 2000년에 필리핀에서 열린 국제 학회에서도 세계에서 발견된 볍씨 중 가장 오래된 것으로 인정받았다고 해. 이전까지는 중국을 통해 우리나라에 벼농사가 전해졌다고 알려져 있었지만 이 발견으로 한반도의 벼농사 기원이 달라졌지. 우리나라에서 세계 최초로 쌀농사가 이루어졌거나 적어도 신석기 시대 이전부터 야생의 벼를 채집해 먹었을 가능성을 확인한 거야.

 ## 로마에서는 월급으로 소금을 주었다고?

고대 로마에서는 관리나 병사들에게 월급으로 돈 대신 소금을 주기도 했대. 영어로 월급을 '샐러리(salary)'라고 하는데, 이 단어는 바로 로마 병사들에게 주던 소금을 가리키던 '살라리움(salarium)'에서 나온 말이란다. 그런데 도대체 왜 돈 대신 소금을 주었을까? 고대 로마인의 식탁을 본다면 이해할 수 있을지도 몰라.

고대 로마 사람들은 빵에 소금을 조금 넣어 먹었대. 소금이 전혀 들어가지 않은 음식들을 상상해 봐. 아마 맛이 없어서 금을 주고라도 소금을 사고 싶은 생각이 들 거야. 소금은 음식의 맛을 내기 위해 꼭 필요할 뿐만 아니라 생명을 유지하는 데 중요한 역할을 해. 사람이 소금을 오랫동안 먹지 못하면 중요한 기능이 멈춰서 결국 죽게 되거든. 물고기나 동물의 내장 등의 음식을 통해서 섭취할 수도 있지만, 곡식을 주식으로 할 때는 반드시 소금을 따로 챙겨 먹어야 한단다.

지금은 기술과 교통의 발달로 소금을 슈퍼마켓에서 쉽게 살 수 있지만, 옛날에는 소금이 아주 귀했어. 소금을 생산할 수 있는 지역이 많지 않았기 때문이야. 대부분의 지역에서는 먼 곳에 있는 생산지에서 소금을 운반해 와야 했어. 생활필수품 중 가장 얻기 어려운 것이 소금이었지. 옛날 유럽에서는 손님을 대접할 때 손님 앞에 소금 그릇을 놓았어. 동서양을 막론하고 소금은 화폐 대신 사용할 만큼 귀한 것이었단다.

하지만 요즘은 소금이 너무 흔해져서 문제가 되고 있어. 소금은 우리 몸에 꼭 필요하지만. 너무 많이 먹으면 고혈압이나 위염 등의 병에 걸릴 위험이 커진다고 해.

 만리장성은 정말 소금으로 지었을까?

중국에 남아 있는 만리장성의 모습

소금을 이용해 만리장성을 지은 건 맞지만 만리장성의 벽돌을 소금으로 만들었다는 뜻은 아니니 놀랄 건 없어. 고대 중국에서도 기원전 3000년경 무렵부터 소금을 생산했는데 무척 귀하게 여겼어. 소금을 담당하는 관리가 따로 있을 정도였지. 중국을 최초로 통일한 황제 진시황은 나라에서 소금을 만들고 파는 일을 독차지해서 번 돈으로 군대를 키우고 무기를 만들었어. 또 전쟁할 때는 소금의 판매권을 군대에 주었어. 옛날에는 군대가 움직일 때 필요한 식량과 물품을 가지고 이동해야 해서 속도가 느렸어. 그런데 진시황의 군대는 소금만 가지고 다니면서 그 지역에서 소금을 팔아 필요한 것들을 해결한 거야. 그 덕분에 기동력이 빠르고 군대의 사기가 높아 중국을 통일할 수 있었지. 통일을 이룬 뒤에는 소금을 판 돈으로 100만 명 이상의 인력을 동원해 거대한 만리장성을 지었단다. 이처럼 고대에는 소금이 아주 귀하고 비쌌기 때문에 소금을 교역하던 나라들은 크게 성장할 수 있었어.

처음에 인류는 살아가기 위해 음식을 먹었어.
하지만 풍부한 음식과 함께
도시와 국가가 발전했고,
문화도 함께 발달했어.
음식에는 점차 더 많은 의미가 담기게 되었지.
자연환경에 따라 지역별로 독특한 음식 문화도 생겨났단다.
문화의 바탕이 되어 준 다양한 음식은 어떤 것들이었을까?

제2장

문화의 발달과 미식의 역사

1   신이 내린 열매, 올리브

존 록펠러는 크게 성공했던 미국의 석유 사업가로 아주 유명한 사람이야. '석유왕'이라 불렸던 그가 석유만큼이나 사랑했던 기름이 있대. 그게 뭐냐고? 바로 올리브 오일이야. 록펠러는 98세까지 살았는데, 장수의 비결을 묻는 사람들에게 매일 한 스푼씩 올리브 오일을 먹었다고 대답했어.

보통 기름을 많이 먹으면 살이 찌고 건강에 좋지 않은 경우가 많아. 하지만 올리브 오일은 몸에 좋은 불포화 지방산을 함유하고 있어서 혈관 속 나쁜 콜레스테롤을 줄여 심장이나 혈관에 관련된 여러 병에 걸릴 위험을 낮춰 준다고 해. 체중 조절은 물론 암과 노화를 방지해 준다고 해서 요즘 사람들에게 아주 인기 있는 음식이야. 올리브 나무의 열매인 올리브는 오일을 짜기도 하지만 열매 자체를 요리해 샐러드, 피자 등에 넣기도 해. 올리브를 많이 먹는 지중해식 식단은 2013년에 유네스코의 인류 무형 문화유산으로 선정되기도 했단다.

〈지중해식 식단이란?〉

* 고기보다 해산물을 많이 먹어요.
* 신선한 채소와 토마토, 통곡물을 주로 먹어요.
* 올리브유와 견과류를 먹어요.

* 다른 사람과 대화를 나누며 즐겁게 식사하고 가벼운 운동을 해요.

올리브는 아주 오래전부터 지중해 지역에서 많이 재배했어. 고대 그리스 사람들도 올리브를 많이 먹었지. 바위가 많은 산악 지대에 자리 잡은 그리스는 농사지을 땅이 적어 곡식이 부족했어. 하지만 올리브나무는 메마른 땅에서도 잘 자라기 때문이야. 올리브 오일은 약, 연료, 화장품 등 생활 속에서 다양한 용도로 사용되기도 했어. 지중해 지역에서 인기 있는 교역품이기도 했지.

그리스 신화에서는 헤라 여신이 남편인 제우스에게 잘 보이고 싶어 올리브유를 몸에 발랐다는 이야기가 나오기도 해. 그리스 신화 속에는 올리브 나무가 자주 등장하는데, 심지어 올리브 나무를 아테나 여신이 사람들에게 선물했다는 이야기도 있어.

그리스 신화에는 올리브뿐만 아니라 곡식의 신 데메테르, 포도의 신 디오니소스 등도 등장해. 음식은 살아가는 데 가장 기본이 되는 요소인 만큼 고대 사람들은 음식을 신성하게 여겼어. 신이 사람들에게 선물해 준 것이라고 여기기도 했지.

지중해 연안 사람들이 해산물과 올리브를 많이 먹는 식문화를 발달시킨 것처럼 고대 국가에서는 자연환경에 맞추어 다양한 음식 문화들이 발달하기 시작했어. 사회가 발달하면서 음식은 단순히 생명을 유지하는 데 필요한 요소로만 여겨지지 않았어. 종교, 신화 등 다양한 상징적인 의미를 담으며 문화의 중요한 요소로 자리 잡기 시작했단다.

 **캐비어와 화려한 로마의 식탁**

영어 속담에 '서민한테 캐비어(caviar to the general)'라는 말이 있어. 우리 속담 중에서 '돼지에 진주 목걸이'와 비슷한 뜻이지. 속담을 풀이해 보면, 캐비어는 황제나 귀족들이 먹는 귀한 요리이므로 그걸 잘 모르는 서민들한테는 아무 소용없다는 말이야. 대체 캐비어는 어떤 음식일까?

캐비어는 철갑상어의 알을 소금에 절인 음식이야. 송로버섯, 거위 간 요리와 함께 서양 음식에서 사치스럽고 귀한 3대 진미로 꼽혀. 고대 로마 제국의 세베루스 황제 때는 캐비어를 먹을 때면 꽃으로 장식한 접시에 담고, 접시가 식탁에 오르는 순간 악대가 팡파르를 울렸다고 해. 이처럼 고대 로마 귀족의 식탁은 인류 역사상 아주 사치스럽기로 유명해.

만약 고대 로마 사람들의 식탁을 실제로 본다면 정말 깜짝 놀랄지도 몰라. 플라밍고의 혀, 식용 쥐, 앵무새 구이, 소의 골, 낙타 뒤꿈치 등 온갖 특이한 재료가 식탁 위에 올랐어. 로마의 귀족들은 언제나 새로운 재료로 만든 음식을 먹어 보길 원했거든. 또 입맛을 돋우기 위해 온갖 향신료를 사용해 음식을 매우 강하게 양념했어.

돼지고기도 평범한 건 거부했지. 아주 독특한 조리법을 좋아했어. 우선 돼지에게 말린 무화과를 잔뜩 먹여. 말린 무화과는 무척 퍽퍽하고 달기 때문에 그

이 비싼 음식 맛을 더 돋우게 팡파르부터 울려라!

걸 많이 먹은 돼지는 아주 목이 마른 상태가 돼. 그럼 그때 꿀 술을 마구 마시게 한 다음 돼지를 잡아서 요리했지.

귀족들은 이렇게 성대하고 푸짐하게 차려진 음식을 최대한 많이 먹기 위해 음식을 먹고 토하기를 반복할 정도였단다. 심지어 고대 로마의 비텔리우스 황제는 약 1년 동안 로마를 통치했는데, 별다른 업적은 없고 대식가라고만 기록이 되어 있다니 정말 황당하지? 역사가들이나 후대 사람들은 이런 사치스러운 생활과 음식 문화가 로마 제국을 망하게 했다고 비난하곤 해.

물론 로마의 귀족들이 처음부터 흥청망청했던 건 아냐. 로마 사람들도 처음에는 검소한 생활을 했어. 로마가 점차 영토를 확장하면서 부유한 국가가 되자 귀족들은 사치스러운 생활과 화려한 음식에 빠져들었지. 점령지에서 다양한 요리 재료를 접하게 된 것도 한몫했어.

그리고 점령지에서 노예로 끌고 온 백성 중에는 고대 그리스 시대의 전문 요리사들도 있었대. 그들을 통해 고대 그리스 시대의 음식 문화가 고대 로마로 전해졌어. 로마 사람들은 이걸 더욱 발달 시켜 미식의 시대를 열었던 거야.

이처럼 국가가 발달하고 교역이 활발해지면서 음식 문화에도 변화가 생겨났어. 먼 지역에서 온 다양한 식자재와 요리법을 접한 사람들은 새로운 음식에 열광했어. 미각을 자극할 맛있는 음식을 먹고 싶어 하는 마음이 커지기 시작했던 거야.

하지만 누구나 맛있는 음식을 먹을 수 있었던 건 아니었어. 귀한 재료로 만든 화려한 음식을 먹으려면 돈과 시간이 필요했거든. 그래서 캐비어처럼 귀하고 화려한 음식들은 부와 권력을 나타내는 상징이 되었단다.

세계 최초의 요리책은 무엇일까?

현재까지 내용이 남아 있는 세계 최초의 요리책은 바로 화려한 음식 문화를 가진 고대 로마 시대에 탄생했다고 알려져 있어. 바로 티베리우스 황제 시절에 부유한 상인이었던 아피키우스라는 사람이 쓴 『요리에 대하여』라는 책이야. 이 책에는 미식가였던 아피키우스가 남긴 수많은 조리법이 담겨 있어. 그는 음식에 대한 열정이 남달라서 최고의 재료를 찾아 먼 길 가는 걸 마다하지 않았고 특이하고 좋은 음식을 먹기 위해 큰돈도 아끼지 않았다고 해. 많은 재산을 이용해 요리 학교도 세우고 고대 로마 시대 화려한 음식들에 대한 이야기를 담은 책까지 남긴 거지. 아피키우스는 세상을 떠날 때까지 그 많던 재산을 요리 때문에 모두 탕진하고 말았다니 정말 대단한 사람 같아.

3 세계인의 음식, 국수의 고향은?

세상에는 정말 다양한 종류의 면 요리가 있어. 너희가 가장 좋아하는 면 요리는 뭐야? 하나만 고르기가 정말 쉽지 않을걸. 파스타? 칼국수? 라면을 좋아하는 사람도 많지?

이렇게 밀가루를 반죽해 만든 모든 음식을 통틀어 면 요리라고 해. 면 요리는 맛도 요리 방법도 다양해. 그중에서도 국수는 반죽을 긴 가닥 형태로 만들어 육수를 부어 먹거나 비벼 먹는 음식이야. 면은 밀가루 말고도 쌀가루나 메밀가루, 감자 전분 등 다른 재료를 이용해 만들기도 하지.

후루룩 넘어가는 맛있는 국수는 세계인들이 가장 사랑하는 음식이 아닐까? 밥을 주식으로 하는 지역이든 빵을 주식으로 하는 지역이든 세계 어디에서나 국수 요리를 즐기니까. 나라마다 다양한 국수 요리가 있어서 해외여행을 가면 그 나라의 국수 요리 하나쯤은 꼭 먹게 돼. 이렇게 전 세계인에게 사랑받는 국수는 어디에서 시작되었을까?

유럽 사람들은 국수가 이탈리아에서 처음 만들어져 비단길을 통해 중국으로 전해졌다고 생각했어. 기원전 2세기 무렵 비단길을 통해 서양의 밀가루가 중국으로 전해졌기 때문에 그렇게 생각한 거야.

> **비단길**
>
> 교통이 발달하지 않았던 시절에 동양과 서양은 먼 거리 때문에 교류가 쉽지 않았어. 사막과 고원, 초원 등을 지나 먼 길을 여행하여 무역을 해야 했지. 비단길은 바로 중국의 비단을 서양에 그리고 서양의 여러 물품을 중국에 전해 주던 고대 무역로야. 실크 로드라고도 하지.

파스타

이탈리아의 면 요리인 파스타는 기원전 4세기경부터 먹기 시작했어. 파스타는 스파게티나 페투치네처럼 면이 긴 형태부터 콘킬리에처럼 조개 모양까지 그 종류가 수십 가지라고 해. 이탈리아 사람들이 밀가루 반죽을 직접 잘라 요리하면서 자연스럽게 다양한 모양의 파스타가 발전했고, 국수 형태의 긴 파스타도 생겨났을 거라고 해.

하지만 중국에서는 이미 수천 년 전부터 국수를 먹었다는 주장도 있어. 2005년에는 중국의 청동기 시대 유적지에서 국수의 흔적이 나오기도 했지. 밀이 아니라 잡곡을 섞어 만든 것이긴 했지만 국수의 형태를 가진 음식이 아주 오래전부터 있었다는 증거가 되었단다. 어떤 사람들은 『동방견문록』을 쓴 마르코 폴로가 13세기 말에 중국에서 이탈리아로 국수를 전했을 거라고 이야기하기도 해.

탄탄면

쌀국수

여러 이야기가 있지만 사실 국수가 어디서부터 생겨났는지는 정확히 알기도 어려워. 국수가 한 지역에서 발생해 전파된 게 아니라 지역마다 곡식으로 요리를 하는 과정에서 각자 다양한 국수 요리가 생겨났고, 그걸 발달시켰을 거라는 이야기도 있거든.

라멘

그보다 중요한 건 국수가 예부터 오늘날까지 전 세계인들에게 꾸준히 사랑받는 음식이라는 거야. 이탈리아의 파스타, 중국의 탄탄면 등 다양한 요리, 동남아시아의 쌀국수 등 다양한 면 요리가 오늘날에도 전 세계 사람들에게 인기 있는 대표적인 요리가 되었으니 말이야.

 인스턴트 라면의 탄생

세계 최초 인스턴트 라면인 닛신 식품의 치킨 라면

라면은 일제 강점기 때 중국인들이 일본으로 이주하면서 일본에 소개됐어. 제2차 세계 대전 후 식량이 부족해지자 밀가루로 간단하게 만들어 먹을 수 있는 라면은 매우 인기를 끌었다고 해. 그 뒤에 일본의 한 회사가 인스턴트 라면을 개발했어. 육수를 내서 라면을 끓이려면 오래 걸리는데 인스턴트 라면은 간편하게 조리할 수 있었지. 그때부터 지금까지 인스턴트 라면은 발전에 발전을 거듭했어. 인스턴트 라면도 각 나라의 음식 문화에 맞게 만들기 때문에 나라마다 재료와 맛이 다 다르단다. 다른 나라를 여행할 때 그 나라 인스턴트 라면 맛을 비교해 보는 것도 재미있을 거야.

4 썩거나 맛있거나!

중국 진나라 때 시황제는 영원히 늙거나 죽지 않는 불로장생을 꿈꿨다고 해. 그래서 여러 나라로 사람을 보내 먹으면 늙지 않는 풀인 불로초를 찾아오라고 시킬 정도였대. 만약 오늘날 시황제가 있었다면 이 음식을 좋아했을 거야. 세계적으로 장수하는 사람들이 많은 지역의 공통점은 바로 이 음식을 자주 먹는다는 것이거든. 이 음식은 무엇일까? 정답은 '발효 음식'이야.

발효 식품 대부분은 옛날 사람들이 음식을 오래 보관하기 위해 만들어 냈어. 냉장고와 같은 보관 시설이 없고 교통도 발달하지 않았던 시대에는 음식을 저장하는 일이 큰 숙제였거든. 당시 사람들은 음식을 자연 상태로 놓아 두면 그냥 썩지만 어떤 효소들과 함께 특정한 조건에 두면 발효가 일어나 사람이 먹을 수 있다는 걸 발견했고 음식으로 발전시켰어.

사실 음식이 썩는 것과 발효하는 것은 아주 비슷해. 둘 다 미생물이 작용해서 나타난 결과니까. 하지만 결과는 정반대야. 썩은 음식은 악취를 풍기고 먹으면 배탈이 나거나 심하면 죽을 수도 있어. 반대로 발효된 음식은 독특한 맛과 향이 생기고 영양소도 늘어나. 유산균 등 몸에 좋은 여러 미생물이 생겨 면역력을 높이고 질병을 예방해 준단다. 썩은 우유와 요구르트의 차이를 생각하면 쉽게 이해할 수 있을 거야.

청국장

우리한테는 발효 식품이 꽤 익숙해. 우리나라는 음식 문화에서 발효 식품이 높은 비중을 차지하고 있기 때문이야. 청국장, 된장, 고추장 등 양념의 기본이 되는 다양한 장들이 모두 발효 식품이잖아. 그 밖에 젓갈, 술, 식혜 등의 발효 식품이 있고 각각 재료와 방식에 따라 종류가 무척 다양해. 무엇보다 한국의 대표적인 발효 식품이라고 하면 김치를 꼽을 수 있어. 김치 1그램에는 10억 마리의 유산균이 들어 있어. 2006년에는 미국의 건강 잡지 「헬스(Health)」에서 김치를 '세계 5대 건강 식품'으로 선정하기도 했어.

발효 음식은 각 나라의 기후와 식재료, 음식 문화에 따라 정말 다양하게 발전했어.

아시아 지역에는 콩을 발효 시켜 만든 음식이 많아. 한국의 청국장과 된장, 일본의 낫토, 인도네시아의 템페 등은 각각 만드는 법도 맛도 다르지만 모두 콩을 발효 시켜 만든 음식이야.

낫토

김치처럼 오이, 배추, 양배추 등 채소를 절여 만든 발효 식품도 있어. 그중에서 사우어크라우트는 양배추를 잘게 썰어 소금에 절인 독일식 김치야.

소나 양 등의 젖으로 만든 치즈와 요구르트는 대표적인 발효 식품이지. 식감이 꾸덕꾸덕한 것부터 부드러운 것까지 매우 다양하고, 지역에 따라 만드는 법이 조금씩 다르단다. 그중에서 케피어는 카스피해와 흑해 사이에 있는 캅카스 지방에서 만든 전통 발효유야. 그곳에 있는 한 장수 마을 때문에 유명해졌어. 요구르트의 고향이라 불리는 불가리아도 장수 국가로 유명하지. 요구르트

템페

요거트

의 유산균은 장의 활동을 돕고 유익한 균이 많이 생겨 나도록 하므로 건강에 도움이 돼.

발효한 음료도 빠질 수 없지. 콤부차는 녹차나 홍차를 발효시킨 음료로 시큼하고 달콤한 맛이 나. 발효 과정에서 탄산이 생겨나서 탄산음료 대신 건강하게 마실 수 있는 음료로 인기를 끌고 있어.

잼 중에도 발효 잼이 있어. 베지마이트는 야채즙을 발효시켜 만든 잼이야. 호주 사람들이 즐겨 먹는 국민 잼이지.

발효 식품은 오랜 세월 동안 인류의 식탁을 건강하고 풍성하게 만들어 줬어. 예전에는 자기 지역에서 나는 발효 식품들을 주로 먹었지만 오늘날에는 건강에 좋은 발효 식품의 인기가 높아지면서 지역이나 나라에 상관없이 다양한 발효 식품을 찾는 사람들이 많아.

콤부차

하지만 발효 식품은 특유의 맛과 향이 있어서 처음 접하는 사람들은 먹기 힘들어하는 경우도 많아. 특히 홍어, 취두부, 수르스트뢰밍 등은 냄새가 지독한 음식으로 아주 유명한 음식이야. 그래도 익숙해지면 맛도 고소하고 영양가도 풍부하다니 한번 도전해 보는 건 어때?

# 농민의 저장 음식, 소시지

소시지는 많은 사람에게 아주 인기 있는 음식 중 하나야. 특히 어린이들이 좋아하지. 미국 사람들이 소시지를 빵에 끼운 핫도그를 즐겨 먹기 때문에 소시지를 미국에서 만들었다고 생각하는 사람들도 많은데, 원래는 유목민들이 먹던 음식에서 시작되었어.

유목민들은 사냥하거나 가축을 잡을 때마다 고기를 저장하기 위해 늘 고민했어. 그들은 주로 고기를 소금에 절이거나 말리는 방법을 썼어. 그러다 한 단계 더해서 절인 고기에 연기를 쐬어 주는 훈제 방식을 사용했어. 음식을 훈제하면 수분은 제거되고 연기에서 나오는 성분이 음식으로 들어가 변질되는 걸 막아 줘 오래 보관할 수 있거든. 그래서 남은 자투리 고기와 내장은 잘게 다져 가축의 창자에 넣고 말리거나 훈제했어. 이게 바로 소시지의 시작이야.

소시지의 역사는 아주 오래되어서 이집트, 그리스, 로마 등 고대 문명에서도 먹었다는 기록이 남아 있어. 고대 그리스의 문학가 호메로스가 쓴 『오디세이아』에도 소시지 형태의 음식이 등장해. 고대 그리스 사람들이 소시지를 별미로 여겼다는 내용이 나오지.

소시지는 중세 시대 유럽에서도 인기를 끌었어. 하지만 중세 시대 사람들이 소시지를 좋아한 이유는 고대 그리스 사람들과는 좀 달랐어.

중세 시대 유럽의 농민들은 땅 주인인 영주에게 세금을 내야 했어. 세금이 무척 무거운 탓에 아무리 열심히 농사를 지어도 가을에 수확한 작물을 영주에게 바치고 나면 남는 것이 많지 않았어. 그러다 보니 겨울이 되면 굶어 죽는 사람들이 넘쳐 났어. 농민들은 귀족들이의 요리 뒤에 남은 고기 자투리와 내장 등을 모아 소시지를 만들었지. 이렇게 만든 소시지는 춥고 배고픈 겨울을 버티게 해 주는 귀중한 식량이었단다.

17세기 무렵에는 독일 프랑크푸르트 지역 사람들이 미국으로 건너가면서 소시지를 전파했어. 지역 이름을 따서 프랑크소시지라 불렀는데, 이게 큰 인기를 얻게 된 거야. 오늘날 프랑크소시지는 구슬을 줄줄이 꿴 모양을 한 오스트리아의 비엔나소시지와 함께 소시지의 대명사가 되었단다.

세월이 흐르면서 만드는 사람이나 지역에 따라 소시지의 재료와 만드는 방법이 다양해졌어. 특히 독일 사람들은 소시지를 다양하게 발전시켰어. 독일에서는 소시지를 부어스트라고 하는데, 종류가 무려 1,500여 가지나 된다고 해. 소시지만 전문적으로 공부하고 만드는 마이스터도 있을 정도야.

유목민들의 음식에서 시작한 소시지는 귀족들에게는 별미였지만 가난한 농민들에게는 배고픔을 채워 주는 음식이었어. 그리고 오늘날에는 가정이나 길거리에서 간단히 먹을 수 있는 인스턴트 음식으로 발전해 대중적인 먹거리가 되었단다.

오늘날 사람들은 세계 여러 나라의 다양한 음식들을 먹으며 즐길 수 있어.
이렇게 되기까지 세계사 속에는 수많은 사건이 있었단다.
굶주림을 해결하거나 새로운 음식을 먹기 위해
사람들은 이웃 나라와 무역을 시작했어.
음식은 한 나라의 경제를 일으킬 수도 망하게 할 수도 있었지.
때로는 음식 때문에 전쟁이 일어나기도 했고
전쟁을 통해 새로운 요리가 만들어지기도 했어.
역사와 지도를 바꾼 대단한 음식들은 무엇이었을까?

제3장
역사와 지도를 바꾼 대단한 음식들

 **유목민의 음식 케밥, 오스만 제국과 함께 세계로!**

요리 하면 많은 사람이 중국과 프랑스를 떠올려. 다양한 식자재와 화려한 요리 문화가 있기 때문이야. 하지만 터키도 요리로 아주 유명해. 터키의 자연환경은 매우 다양해서 식자재들이 풍부해. 그리고 터키는 유럽과 아프리카, 아시아에 둘러싸인 곳에 있어서 동양과 서양의 문화가 뒤섞이며 음식 문화도 더욱 발전할 수 있었어.

터키 음식 중에서 가장 유명한 요리를 꼽는다면 아마 케밥일 거야. 케밥은 고기를 꼬챙이에 꽂아 구워서 먹는 요리야. 빵에 끼워 먹기도 하고 다양한 채소와 소스 등과 함께 먹기도 해.

가축의 먹이를 찾아 이동하면서 생활하던 유목민들은 키우던 고기, 가축의 젖, 요구르트와 치즈 등을 주로 먹었어. 케밥도 유목민이던 터키의 조상이 양고기를 불에 구워 간단히 먹었던 것에서 시작되었어.

유목민들이 즐겨 먹던 케밥이 전 세계로 퍼져 나간 건 오스만 제국 덕분이야. 오스만 제국은 13세기 말에 지금의 터키 지역에 세워진 이슬람 제국이야. 16~17세기에는 아시아, 아프리카, 유럽에 걸친 큰 제국이 되었지. 오스만 제국은 거대한 지역을 통치하면서 여러 문화를 전파했는데, 케밥도 그중 하나였던 거야.

케밥은 오스만 제국 군대의 중요한 전투 식량이기도 했어. 병사들이 체력을 보충하려면 고기를 먹어야 했지만 언제 적이 쳐들어올지 모르는 전쟁터에서는 고기를 요리할 시간이 충분하지 않았지. 병사들은 고기를 얇게 썰어 그냥 칼에 끼워 구워 먹었어. 그러면 고기도 빨리 익고 고기를 굽는 도구나 그릇도 따로 필요 없어서 아주 간편했단다. 그 뒤로 가정에서 칼 대신 꼬챙이에 자른 고기를 꽂아 구웠는데 그게 시시 케밥으로 발전했지.

사람들은 양고기 대신 소고기, 닭고기 등 다양한 재료로 케밥을 만들었고 먹는 방법도 점점 더 다양해졌단다. 오스만 제국의 왕실 요리이기도 했던 케밥은 조리법에 따라 종류가 300가지에 이른다고 해.

오늘날에는 터키를 여행하는 사람들에게 빵 사이에 고등어를 구워 넣은 케밥이 아주 인기가 있어. 생선이라 비릴 것 같다고? 하지만 생각보다 고소하고 맛이 있다니 터키에 간다면 한번 먹어 봐.

2 칭기즈 칸의 군대에는 특별한 것이 있다?

　칭기즈 칸은 인류 역사상 가장 넓은 영토를 차지한 몽골 제국을 세운 왕이야. 13세기 무렵 중국, 중앙아시아, 러시아와 유럽에 걸친 거대한 제국을 세웠지.

　몽골 제국이 이렇게 거대한 영토를 순식간에 정복할 수 있었던 건 바로 말을 타고 달리는 빠른 기병대 덕분이었어. 몽골 제국의 기병은 말을 갈아타며 하루에 200킬로미터를 달릴 수 있었다고 하니 정말 대단하지? 몽골의 기병이 빠르게 움직일 수 있었던 이유는 바로 이것 덕분이었어.

　몽골 제국의 병사들은 유목민의 후손이었기 때문에 조상들에게서 지혜를 얻었어. 먼 거리를 자주 이동해야 했던 유목민들은 이동하면서도 간편하게 음식을 먹을 수 있는 방법들을 잘 알고 있었어. 그중 고기를 말려서 잘 썩지 않고 부피도 작아서 가지고 다니기에 아주 좋았어. 물에 불리기만 하면 간편하게 식사를 할 수 있었지.

　또 하나는 날고기 스테이크야. 유목민들은 자른 고기를 안장 밑에 넣고 다니곤 했어. 그러면 말을 타고 달리는 동안 자연스럽게 안장 밑의 고기가 다져졌지. 이렇게 만들어진 날고기 스테이크는 부드럽고 맛도 좋았단다.

　육포 가루와 날고기 스테이크 덕분에 몽골 제국의 기병대는 따로 식량 보급 부대가 필요 없었어. 거대한 보급 부대가 병사와 함께 움직이다 보면 이동 속

도가 더뎠을 텐데 그런 일이 적었지. 또한 말을 타고 달리다가도 간단히 식사를 해결할 수 있었기 때문에 아무리 먼 전쟁터도 빠르게 갈 수 있었어. 요리를 하려고 불을 피울 필요가 없으니 적에게 위치를 들킬 염려도 없었지. 혹시나 전쟁이 길어져도 병사들은 늘 식량을 지니고 다니다 보니 보급 부대 없이도 영향을 보충할 수 있었어.

이렇게 최고의 기병대를 가진 몽골 제국도 1368년에는 명나라에 의해 멸망했지만 그들의 음식은 아직도 남아 있어. 러시아 사람들은 몽골군의 날고기 스테이크를 '스테이크 타르타르'라고 불렀어. 그리고 고기에 소금과 후추를 뿌리고 양파, 날달걀 등을 곁들여 먹었단다.

　그 뒤로 날고기 스테이크는 무역이 활발했던 독일 함부르크에도 전해졌어. 함부르크 사람들은 다져진 고기를 날로 먹는 대신 구워서 먹었지. 이 요리가 훗날 미국까지 전해져서 오늘날 '햄버그스테이크'가 된 거야.

　거대한 제국을 이룬 몽골의 군대에는 빠르고 용맹한 병사들과 그들을 건강하게 지켜 줄 특별한 음식들이 있었어. 그리고 그 음식들은 세계로 전해져 여전히 우리의 미각을 행복하게 해 주고 있단다.

 ## 치즈, 굶주림과 전염병에서 인류를 구하라!

　동화「헨젤과 그레텔」에 보면 가난한 부부가 먹을 것이 없어 아이들을 숲에 버리는 장면이 나와. 그리고 길을 잃은 아이들이 도착한 곳은 빵과 과자로 만든 집이야. 이 동화에는 굶주림에 시달렸던 옛날 유럽 가정의 모습이 담겨 있어.

　굶주림에 시달리던 사람들은 살기 위해 먹을 수 있는 것은 무엇이든 먹어야 했어. 그게 미친 빵이라고 해도 말이야. 빵을 만드는 호밀은 맥각균에 오염될 때가 많았는데, 이 균은 빵을 구워도 없어지지 않았어. 맥각균에 오염된 빵을 계속 먹으면 헛것을 보고 경련을 일으키고 팔다리가 검게 썩거나 마비가 오기도 했어. 그래서 농부들은 균에 오염된 빵을 '미친 빵'이라고 불렀대.

　그러다 14세기 무렵에 전염병인 페스트가 퍼지면서 굶주리던 유럽에 더 큰 위험이 닥쳐 왔어. 영양 상태가 좋지 못한 사람들에게 전염병은 이겨 내기 어려운 위기였지. 이 전염병으로 유럽 전체 인구의 5분의 1 정도가 죽었다고 하니 얼마나 무서운 일이었는지 짐작할 수 있겠지?

　그때 수도사들은 죽어 가는 사람들을 돕고 싶었어. 사람들에게 영양 보충하는 일이 시급했는데 그때 수도원의 치즈를 떠올린 거야.

　사실 치즈는 수도원에서 만들기 훨씬 이전부터 있었어. 가축을 기르던 사람들이 동물의 젖을 양의 위로 만든 주머니 속에 보관하다가 우연히 발견한 게

치즈 만드는 법

1. 소, 염소, 양 등 동물의 젖을 짜요.

2. 레닛이라는 효소나 레몬즙 또는 식초를 넣어요.

3. 우유가 응고되면 낮은 온도로 가열해요.

4. 응고된 부분만 걸러서 모양을 만들어요.

5. 치즈 표면에 소금을 바르고 실내에서 발효시켜요.

6. 단백질 가득한 치즈 완성!

프랑스 - 로크포르

시작이었지. 동물의 젖이 위 속에 남아 있던 소화 효소와 섞이면서 굳어졌는데, 그 덩어리를 먹어 보니 생각보다 맛이 좋았다고 해.

이렇게 발견된 치즈는 고대 그리스와 로마에도 전해졌어. 고대 로마 사람들은 수분이 적고 딱딱한 치즈를 주로 만들었어. 집마다 숙성실을 갖출 정도로 치즈를 좋아했지. 멀리 전쟁을 나서던 로마 군사들은 간편하고 영양도 풍부한 치즈를 필수 식량으로 가지고 다녔어. 로마가 광활한 제국을 이루는 동안 치즈도 잘 닦인 로마의 길을 따라 여러 나라에 전파됐어. 하지만 로마 제국의 세력이 줄어들면서 치즈에 대한 관심도 차츰 줄어들었어.

하지만 가톨릭의 수도원에서는 그 뒤로도 수 세기 동안 계속해서 치즈를 만들었어. 규율 때문에 고기를 먹지 못하는 수도사들에게 치즈는 단백질을 보충해 주는 중요한 음식이었거든. 그러다가 유럽에 전염병이 심각해지자 수도사들은 치즈가 사람들의 굶주림과 영양 부족을 해결해 줄 수 있을 거라 생각한 거야. 그래서 수도사들은 치즈를 만드는 방법을 농민들에게 알려 주어 빠르게 전파했어.

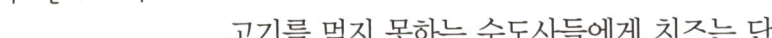
미국 - 몬터레이잭

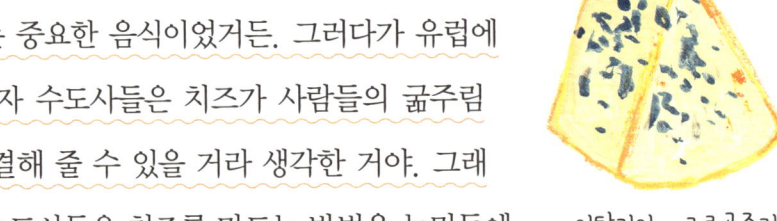
이탈리아 - 고르곤졸라

그 뒤로 각 가정이나 마을별로 조리법을 조금씩 다르게 하면서 치즈의 맛과 질김이 무척 다양해졌어. 치즈는 젖의 종류, 응고할 때 쓰는 재료, 숙성 기간, 환

네덜란드 - 에담

스위스 - 에멘탈

경 등 맛을 결정하는 요소가 많기 때문에 지금도 수천 가지 종류의 치즈가 만들어지고 있는 거지.

공장 치즈의 탄생

공장에서 전문적으로 치즈를 만들기 시작한 건 1815년이야. 스위스의 한 공장에서 만든 이 치즈는 처음엔 인기가 없었어. 치즈는 만드는 곳마다 맛이 다양하고 사람에 따라 좋아하는 취향도 각각 달랐기 때문이야. 미국에서 일정한 맛을 유지하는 기술을 개발한 치즈 공장이 생겨나 슬라이스 치즈를 대량으로 만들기 시작한 건 1950년부터야. 맛과 모양이 규격화된 슬라이스 치즈는 샌드위치, 햄버거 등 패스트푸드에 많이 사용되면서 인기를 끌었단다.

4 부자로 만들어 주는 생선

　북유럽이나 네덜란드에 가면 여행객들이 한 번쯤 먹어 보는 음식이 있어. 바로 청어 절임을 넣은 샌드위치야. 청어는 기름지고 부드러운 맛을 가진 가진 바닷물고기야. 물고기 샌드위치라니 상상이 가? 그걸 어떻게 먹느냐고 진저리 치는 사람도 있어. 하지만 좋아하는 사람들은 생선의 향과 양파가 어우러져 독특한 감칠맛이 있다고 해.

　네덜란드 사람들에게 청어는 단순한 생선이 아니야. 청어가 유럽의 여러 나라와 네덜란드를 부자로 만들고 역사의 중심에 설 수 있게 해 주었거든.

　사실 당시 유럽 사람들은 청어를 별로 좋아하지 않았어. 청어는 기름기가 많아 운송하는 동안 금세 상하고 나쁜 냄새를 풍겼거든. 그러다 기독교에서 종교적인 이유로 고기를 금지하는 기간을 선포하자 서민들은 값싼 청어를 찾기 시

작했어. 단번에 청어의 인기가 높아졌지. 고기를 대신해서 단백질 보충해 주는 데 생선이 최고였거든.

독일 북부의 상인들은 기회는 이때다 하고 청어를 소금에 절여 파는 사업을 시작했고 다른 나라로 수출해 엄청난 돈을 벌어들였어. 상인들은 세력이 커지자 자신들의 사업을 보호하기 위해 발트해에 걸쳐 있는 여러 나라의 상업 도시들과 동맹을 맺었어. 이 동맹을 한자 동맹이라고 해. 한자 동맹은 덴마크 같은 나라와 전쟁을 벌여 이길 정도로 점점 더 힘이 커졌어. 청어 사업을 바탕으로 한자 동맹은 15세기까지 유럽 경제의 중심이 되었지.

당시 네덜란드 사람들도 청어를 잡기는 했지만 많은 돈을 벌지는 못했어. 그런데 빌렘 벤켈소어라는 어부가 등장해 네덜란드 청어 사업이 번창하기 시작했어. 그는 V자 모양의 칼로 배 위에서 청어를 바로 손질해 염장하는 방법을 개발

발트해
유럽 대륙과 스칸디나비아반도 사이에 있는 바다야. 청어, 대구 등이 많이 잡히지.

해 냈어. 그 방법 덕분에 청어가 상할 걱정 없이 먼 바다까지 나가 대량으로 잡을 수 있었지. 손질한 청어는 보관 기간이 길었기 때문이야. 게다가 15세기 무렵에 바닷물의 움직임이 변하면서 청어가 네덜란드 앞바다로 잔뜩 몰려들었던 거야.

중세 시대에 네덜란드는 인구도 적고 가난한 나라였어. 천연자원도 없고 국토 대부분이 바다보다 낮아 농사를 짓거나 가축을 키우는 것도 어려웠지. 하지만 청어 사업이 성공하면서 그와 관련된 조선업, 유통업, 금융업 등이 함께 발전했어. 덕분에 네덜란드는 1648년에 유럽의 최고 강대국인 스페인 군대를 물리치고 독립을 이루며 눈부신 황금기를 맞이했단다. 이 모든 게 물고기로부터 시작되었다니 정말 놀랍지 않니?

5 커피에 웃고 커피에 울고

커피는 전 세계 어른들이 가장 사랑하는 음료일 거야. 어느 나라에 가도 커피를 파는 곳은 쉽게 찾을 수 있어. 그만큼 찾는 사람이 많다는 뜻이지. 하지만 사람들이 커피를 이렇게 많이 마시게 된 건 그리 오래되지 않았어.

커피나무의 원산지는 아프리카에 있는 에티오피아로 나무에 열리는 붉은색 열매가 커피의 원료야. 약 1400년 전 에티오피아의 한 목동이 커피 열매를 처음 발견했는데 이 열매를 먹은 염소들이 잠도 안 자고 흥분해서 뛰어다니는 것을 보고 먹기 시작했다고 해.

염소 이야기가 사실인지는 알 수 없지만 어쨌든 사람들은 커피 나무에서 열리는 열매를 먹으면 생기가 돌고 머리가 맑아지는 기분이 든다는 걸 알게 되었어. 그래서 처음에는 잎과 열매를 따서 먹다가 나중에는 우려서 차처럼 마셨지. 그러다가 열매를 볶고 빻아서 끓이면서 오늘날 모습에 가까워졌어.

커피 하면 보통 유럽을 많이 떠올리지만 가장 먼저 커피를 즐겼던 사람들은 이슬람교의 수도사들이었어. 기도하고 수행할 때 커피를 마시면 졸음을 쫓을 수 있어서 즐겨 마셨지. 그러다가 점차 이슬람 사회에 퍼지면서 커피가 유행했어. 종교적인 이유로 술을 마시지 않는 이슬람교도들은 커피를 마시며 시간을 보내는 걸 좋아했어. 오스만 제국 수도였던 이스탄불에는 세계 최초로 커피 가

게가 생겨나기도 했단다.

유럽에는 한참 뒤에야 커피가 알려졌어. 16세기 말 유럽의 외교 사절단이 이슬람 국가였던 오스만 제국에 방문했어. 그런데 오스만 제국에서 대접한 커피를 처음 마셔 본 유럽 사람들은 별로 좋아하지 않았다나 봐. 낯선 맛이어서 그랬을까? 그 뒤로는 유럽에도 조금씩 알려졌고 점차 인기를 끌기 시작했어.

처음엔 커피 가격이 너무 비싸서 아무나 마실 수 없었어. 커피나무를 아무나 키울 수 없게 철저히 막았기 때문이야. 그런데 한 이슬람교 수도사가 커피 농장에서 몰래 씨앗을 숨겨 인도로 가져가서 심었어. 그뒤에는 네덜란드 사람들이 인도에서 커피 씨앗과 묘목을 몰래 가져갔지. 네덜란드 사람들은 그 묘목으로 식민지였던 인도네시아에 대규모 커피 농장을 만들었어. 그리고 나서 이것을 아주 싼값에 가져다 유럽에 팔아 큰 수익을 남겼단다. 이 돈으로 네덜란드는 빚을 갚고 운하와 도로를 건설해 나라를 일으켰어.

반대로 인도네시아는 커피를 재배하며 더욱 가난한 나라가 되었어. 네덜란드의 강요로 인도네시아의 많은 농가에서 커피를 재배하게 되었는데 커피나무는 땅을 메마르게 만들어 다른 농사는 짓기 어려워졌어. 결국 인도네시아 사람들은 식량이 부족해 계속해서 굶주려야 했지. 그때의 영향으로 인도네시아는 오늘날에도 아시아 최대 커피 생산국이야.

이렇게 자본과 기술을 가진 국가들이 동남아시아, 아프리카, 남아메리카 등에서 값싼 노동력을 이용해 커피, 사탕수수, 카카오 등을 대량으로 재배하던 것을 '플랜테이션'이라고 해. 강대국들은 싼 원료로 제품을 만들어 팔아 큰 이익을 보았어. 반대로 원료를 생산하는 나라들은 한두 가지 물품만 생산하고 강대국과의 무역에만 집중하게 되어 경제가 튼튼하게 발전하지 못했어.

오늘날 커피는 세계 무역에서 석유 다음으로 많이 거래되는 품목이야. 하지만 여전히 커피를 키우는 농가들은 여전히 제값을 받지 못하는 경우가 많아. 많은 사람이 커피를 마시며 웃지만 커피 때문에 웃을 수 없는 사람들도 있는 거지.

 공정 무역과 착한 소비

과거 식민지였던 나라들과 원료를 사서 제품을 만들어 파는 강대국 사이에는 여전히 불평등한 교역이 이루어지는 경우가 많아. 초콜릿을 파는 회사가 비싸게 많이 팔아 이윤을 남겨도 원료인 카카오를 생산하는 나라들은 싼값에 재료를 팔기 때문에 언제나 가난할 수밖에 없는 거야. 이런 점을 나아지게 하려고 원료를 생산하는 곳에 제대로 된 가격을 지불하고 보다 그 나라 사람들이 나은 조건으로 노동할 수 있게 하는 걸 공정 무역이라고 해. 올바르고 착한 소비를 위해 요즘에는 이런 공정 무역 제품에 대한 관심이 높아지고 있어.

6 두 개의 전쟁을 일으킨 차

전쟁을 일으킨 '차'라고 하니 혹시 멋진 자동차를 떠올렸을지도 몰라. 하지만 세계사 속에서 큰 전쟁을 두 번이나 일으킨 '차'는 바로 마시는 음료야. 녹차, 홍차와 같은 차는 차나무의 어린잎을 달이거나 우려서 만든 음료를 가리키는 말이야. 좀 더 넓은 의미로는 다양한 식물의 잎이나 뿌리, 열매 등을 우리거나 끓인 음료를 차라고 해.

차 하면 사람들은 중국과 영국을 많이 떠올려. 중국은 차의 원산지로 아주 오랜 옛날부터 차를 즐겨 마셨기 때문이야. 그리고 영국 사람들도 차를 아주 좋아해. 하루에도 몇 번씩 차를 마시는 '티타임'이 중요한 문화로 자리 잡았을 정도야.

영국 사람들은 언제부터 차를 마셨을까? 차는 16세기 무렵 무역을 통해 유럽에 전해졌어. 차가 영국에서 인기를 끈 것은 포르투갈의 캐서린 공주의 역할이 컸어. 공주가 영국 왕실과 결혼하면서 차를 가져갔거든. 외국의 공주가 가져온 동양의 차는 사람들에게 호기심을 불러일으켰고 매우 인기를 끌었지.

이때부터 영국 사람들은 많은 양의 차를 중국에서 수입하기 시작했어. 영국 사람들이 얼마나 차를 좋아했던지 차 때문에 중국과 전쟁이 벌어졌을 정도야.

중국은 돈이 되는 차 사업을 지키기 위해 차나무 씨앗이 다른 나라로 나가는 걸 철저히 막았어. 차는 중국에서만 생산되었고 영국 사람들은 중국에서 차를 수입하기 위해 많은 돈을 지불해야 했지.

영국 사람들은 차를 살 돈을 마련하려고 중국에 몰래 아편을 팔기 시작했어. 아편은 마약이어서 한 번 중독되면 쉽게 그만둘 수가 없어. 사람들이 아편에 중독되자 화가 난 중국은 영국이 가져온 아편을 모두 빼앗아 불태우고 무역을 금지했어. 이 일로 1840년에 중국과 영국 사이에 전쟁이 벌어졌지. 이 전쟁을 아편 전쟁이라고 해.

아편 전쟁은 2년 뒤 영국의 승리로 끝났어. 중국은 신식 군대와 무기를 가진 영국에 크게 질 수밖에 없었고 불평등한 조약을 맺게 되었어. 그 뒤로 영국은 차를 마음껏 수입할 수 있게 되었지.

영국 사람들은 녹차보다 홍차를 더 즐겨 마시는데 이것도 중국에서 영국까지 차를 수입한 것과 관련이 있어. 중국에서 배로 차를 실어 오는 기간이 꽤 길었는데 그 사이 배에 있던 찻잎이 발효되었다고 해. 그걸 끓여 보니 검붉은 빛의 홍차가 탄생한 거지.

영국은 아편 전쟁 이전에도 차 때문에 미국과 전쟁을 치렀어. 영국 사람들이 차를 즐겼던 것처럼 미국 사람들도 영국의 식민지였던 시절에는 차를 좋아했어. 따라서 미국도 영국에서 차를 많이 수입했지.

그런데 영국 경제가 어려워지자 영국은 돌연 차에 높은 세금을 매겼어. 이미 여러 이유로 영국에 불만이 많았던 미국 사람들은 차를 계기로 불만이 폭발하고 말았어. 1773년 12월 사람들은 영국 배에 올라 싣고 온 차를 상자째 보스턴 앞바다에 던져 버렸지. 이 사건을 보스턴 차 사건이라고 해. 이 사건은 결국 미국 독립 전쟁의 불씨가 되었고 미국은 긴 전쟁 끝에 독립을 이뤘어.

유럽 사람들이 아메리카 대륙을 발견하면서
세계의 역사는 또 한 번 크게 바뀌었어.
이렇게 큰 사건이 일어나게 된 가장 중요한 이유도
바로 음식 때문이었지.
어떤 음식이 이렇게 세계사에 남을 큰 사건을 만들어 냈을까?
유럽 대륙과 아메리카 대륙이 서로 교류하게 되면서
세계사뿐 아니라 세계의 음식에도 큰 변화가 생기게 되었단다.
두 대륙 사이를 오가며 세계로 퍼져 나간 음식을 찾아
항해를 떠나 볼까?

신대륙을 찾아
새로운 음식을 찾아

1 후추를 찾다가 발견한 대륙

1486년 어느 날 한 사람이 에스파냐의 이사벨 여왕 앞에 나타났어.

"여왕님께서 저를 후원해 주신다면 대륙을 통하지 않고 직접 인도로 가는 뱃길을 개척하겠습니다. 성공하면 금과 향신료의 나라인 인도로 가서 귀한 보물들을 가져와 여왕께 바칠 수 있습니다."

"그렇게 오래 항해를 하려면 돈이 많이 들 텐데……. 성공한다는 보장도 없잖아요?"

이사벨 여왕은 처음에 그 제안을 받아들이지 않았어. 하지만 몇 해 뒤 결국 그 사람은 여왕의 후원을 받았고 두 달 동안 대서양을 항해한 끝에 아메리카 대륙을 발견했어. 그가 바로 콜럼버스야.

콜럼버스는 위험을 무릅쓰고 왜 이런 모험을 했을까? 그건 바로 후추 때문이었어. 당시 유럽에서는 후추, 정향, 육두구 등 동양의 향신료가 매우 인기가 있었지. 옛날에는 신선한 고기나 생선을 먹기 어려웠고 대부분 소금 등에 절여 두었다가 먹어야 했어. 그런데 고기나 생선 요리에 후추 같은 향신료를 넣으면 잡내를 없애고 더 맛있게 먹을 수 있었거든. 게다가 당시 사람들은 후추를 건강에 좋은 음식으로 여겼어. 귀족이나 부자들은 신선한 스테이크에도 후춧가루 뿌려 먹길 좋아했대.

하지만 후추는 동양에서 수입해 와야만 했어. 멀고 험한 무역로를 거쳐 수입된 향신료는 가격이 어마어마하게 비쌌어. 나중에는 금을 주고 사야 할 정도로 가격이 올랐지. 그래서 무역상을 거치지 않고 바다를 건너가 직접 수입하는 길을 찾으려 했던 거야.

콜럼버스는 서쪽으로 항해를 하면, 둥근 지구를 한 바퀴 돌아 인도에 닿을 수 있을 거라 믿었지. 배를 타고 지도에도 없는 먼 바다까지 항해하는 건 목숨을 걸어야 하는 일이었어. 하지만 인도에 도착해 금과 향신료를 가져온다면 어마어마한 돈을 벌 수 있기 때문에 모험을 한 거야.

긴 항해 끝에 드디어 콜럼버스는 육지에 도착했어. 그러나 그곳은 인도가 아니었어. 아메리카 대륙의 동쪽 바다에 있는 서인도 제도였지. 유럽인들의 지도에는 없던 새로운 대륙을 발견했던 거야. 하지만 콜럼버스는 죽을 때까지 자기가 도착한 곳이 인도인 줄 알았다고 해. 첫 항해 이후로 콜럼버스는 그곳에 여러 차례 갔지만 아무리 찾아도 후추를 발견할 수 없었어. 그곳은 인도가 아니라 아메리카 대륙이었으니까.

아주 오랜 세월 동안 귀한 대접을 받았던 후추는 이제 누구나 쉽게 살 수 있는 재료가 되었어. 과학이 발전하면서 교통수단과 저장 기술이 발전한 덕분이지. 옛날 유럽 사람들이 타임머신을 타고 현대로 온다면 마트에 쌓여 있는 후추를 보고 너무 좋아서 기절할지도 몰라.

 ## 후추 대신 고추

후추를 찾아 떠났던 콜럼버스는 아메리카 대륙으로 향한 두 번째 항해 때 빨갛게 익은 한 열매를 발견했어. 그 열매는 향은 달라도 후추처럼 매운맛이 났어. 바로 빨갛게 익은 고추였지. 콜럼버스 일행은 후추 대신 발견한 새로운 향신료를 '빨간 후추(red pepper)'라고 불렀단다. 이렇게 유럽으로 전해진 고추는 다시 아시아로 전해졌어. 유럽과 아시아 대륙에서는 신대륙 발견 이후에나 빨간 고추를 먹게 된 거지.

2 옥수수로 만들어진 사람들

콜럼버스가 아메리카 대륙을 발견한 뒤로 유럽 사람들은 앞다투어 새로운 대륙으로 향했어. 그리고 콜럼버스가 도착했던 곳은 인도가 아니고 자신들이 몰랐던 새로운 대륙이라는 것을 깨달았지. 유럽 사람들은 그곳을 '신대륙'이라고 불렀어. 하지만 엄밀히 말하면 그곳에는 이미 터전을 잡고 살던 원주민들이 있었어.

서양 사람들이 밀을, 동양 사람들이 쌀을 주식으로 했다면 아메리카 대륙의 원주민들은 주식으로 옥수수를 먹었어. 아메리카 대륙에서 옥수수가 잘 자랐기 때문이야. 원주민들은 옥수수로 빵을 만들고 죽이나 차를 끓여 마시기도 했지.

곡식을 키우기 위해서 사람들이 정착한 곳에서 고대 문명이 발달한 것처럼 아메리카 대륙에도 마야 문명, 아스테카 문명 등 옥수수 재배를 중심으로 고대 문명이 발달했어. 마야 사람들은 자신들이 옥수수로 만들어졌다고 생각했대. 마야 신화를 보면 다음과 같은 이야기가 있어.

< 마야 신화 >

마야의 신들은 세상을 창조했어. 그리고 자신들을 섬길 인간을 만들기로 했지.

처음에는 동물들을 만들었지만, 말을 못 하는 동물들이 만족스럽지 않았어.

신들은 먼저 진흙으로 인간을 만들었어.

하지만 진흙 인간은 쉽게 부서져 버렸어.

다음에는 튼튼한 나무로 인간을 만들었어.

하지만 나무 인간은 표정도 없고 피도 돌지 않았어.

지혜가 없고, 신을 섬길 줄도 몰랐지.

신들은 나무 인간들을 없애 버렸어.

그중 일부가 남았는데 그 후손이 바로 원숭이들이라고 해.

마지막으로 신들은 옥수수 반죽으로 인간을 만들었어.

지혜가 있고, 신을 섬길 줄 아는 인간이 생겨나자 신들은 매우 만족했대.

마야뿐 아니라 아메리카에 살았던 원주민들은 대부분 사람이 옥수수로 만들어졌다는 신화를 가지고 있어.

그들의 후손인 멕시코 사람들은 오늘날에도 옥수수를 즐겨 먹어. 옥수숫가루를 반죽해 얇게 펴서 구운 납작한 토르티야가 아주 유명하지. 토르티야에 고기, 치즈 등을 넣고 소스를 뿌려 먹는단다. 멕시코 사람들은 옥수수를 소중하게 여겨서 토르티야를 함부로 버리지 않고 남으면 잘게 잘라 튀겨서 과자로 만들어 먹지.

옥수수는 원주민뿐 아니라 15세기 이후에 새로 이주해 온 유럽 사람들에게도 중요한 식량이 되어 주었어. 북아메리카에 도착한 유럽 사람들은 원주민들을 내쫓고 마을을 만들었어. 밭을 갈아 자신들이 가져온 곡식을 심었지만 기후가 달라 잘 자라지 않았어. 낯선 땅에서 굶어 죽을 위기에 처한 거야.

그 모습을 보고 원주민들은 옥수수를 나누어 주었어. 재배하는 방법과 옥수수로 음식을 만드는 방법도 가르쳐 주었지. 또 칠면조 같은 동물을 사냥하는 법도 가르쳐 주었단다. 그 덕분에 풍성한 가을을 맞이하게 된 이주민들은 신에게 감사를 드리는 축제를 열었어. 이 축제가 바로 추수 감사절이야. 이 이주민들이 세운 나라가 바로 미국이란다. 그래서 미국의 추수 감사절 요리에는 칠면조가 빠지지 않아.

오늘날 전 세계에서 생산되는 옥수수의 3분의 1 정도가 미국에서 생산되고 있어. 옥수수는 직접 요리해 먹기도 하지만 식용유, 전분, 시럽 등을 만드는 데도 쓰여. 그리고 소나 닭 같은 가축을 키울 때 사료로 많이 쓰인단다.

3 악마의 열매, 감자

패스트푸드점에 가면 '프렌치프라이'라고 부르는 길쭉한 감자튀김을 쉽게 볼 수 있어. 프렌치프라이는 전 세계 사람들이 남녀노소 누구나 좋아하는 음식이야. '프렌치프라이'는 우리말로 '프랑스식 튀김'이라고 해석할 수 있어. 사람들은 이 이름 때문에 감자튀김을 흔히 프랑스에서 시작된 음식으로 착각해. 하지만 벨기에에 가서 '프렌치프라이'를 달라고 하면 기분 나빠하며 노려볼지도 몰라. '프렌치프라이'를 처음 만든 나라는 프랑스가 아니라 바로 벨기에거든.

프렌치프라이는 겨울철에 먹을 게 부족해 굶주리던 벨기에 사람들이 감자를 잘라 튀겨 먹으면서 시작되었대. 벨기에 사람들은 이 음식을 아주 좋아하게 되었고 '프리츠' 또는 '프리텐'이라고 불렀어. 그런데 제1차 세계 대전 때 벨기에에 왔던 다른 나라 군인들이 음식을 전하면서 이름을 착각해 '프렌치프라이'라고 했다지 뭐야. 벨기에 사람들 입장에선 억울할 만하지?

튀김뿐 아니라 굽기, 찌기, 삶기 등 다양한 방법으로 요리할 수 있는 감자는 서양 요리에서 빼놓을 수 없는 재료 중 하나야. 감자는 사탕수수, 옥수수, 쌀, 밀에 이어 세계에서 다섯 번째로 많이 생산되는 작물이기도 해.

그렇다면 감자의 원산지는 유럽일까? 사실 감자는 아메리

카 대륙이 원산지야. 남아메리카 대륙에 자리했던 잉카 문명 사람들은 안데스 산맥의 높은 지대에 계단식 밭을 만들어 농사를 지었어. 고랭지 작물인 감자는 일 년 내내 서늘한 고산 지대에서도 잘 자랐지. 감자는 옥수수와 함께 아주 중요한 식량이었단다.

유럽에는 콜럼버스가 신대륙에 온 뒤에 처음으로 소개되었어. 하지만 처음에 유럽 사람들은 감자를 거들떠보지도 않았대. 땅속에서 열리는 것도 이상했고 울퉁불퉁 못생긴 것이 맛있어 보이지도 않았거든. 게다가 감자에 대해 잘 몰라서 독성이 있는 부분인 감자의 푸른 잎이나 뿌리 등을 먹고 설사하거나 죽기도 했어. 사람들은 이 이상한 작물을 '악마의 식물'이라고 부르기까지 했지. 감자는 유럽에 들어온 지 200년이 지날 때까지도 인기가 없었어.

유럽 사람들은 17세기 무렵이 되어서야 감자를 먹기 시작했어. 이유는 당시 유럽의 소작농들이 먹을 것이 부족해 감자를 재배해서 식량으로 삼았기 때문이야. 동물의 사료로나 쓰는 인기 없는 작물이었지만 굶어 죽는 것 보단 낫다고 생각했지.

사실 감자는 놀라운 식물이야. 영양분도 매우 높아서 감자만 주식으로 먹어도 사람이 충분히 살아갈 수 있어. 기후에 큰 영향을 받지도 않고 메마른 땅에 심어도 잘 자랐어. 게다가 많이 돌보지 않아도 쑥쑥 잘 자라 누구나 쉽게 키울 수 있었지.

유럽 사람들도 점차 감자가 매우 훌륭한 식량이라는 것을 깨닫게 되었어. 굶어 죽는 사람이 줄어들면서 유럽 인구는 점차 늘어났지. 늘어난 인구 덕분에 일할 사람이 많아졌고, 산업화도 빠르게 진행되기 시작했단다.

감자를 알린 사람들

평생 동안 감자가 얼마나 우수한지 알린 파르망티에(좌)
주식이었던 밀을 대신할 작물로 감자를 선택한 프리드리히 2세(우)

18세기에 지금의 독일 지역에 있었던 프로이센 왕국은 7년 동안 다른 유럽 나라들과 전쟁을 치렀어. 프로이센 사람들은 전쟁 포로들에게 감자를 식량으로 주었다고 해. 포로 중에는 프랑스의 농경학자이자 군의관이었던 파르망티에라는 사람도 있었어. 그는 6년이나 감자만 먹고도 살아남았지. 파르망티에는 자신의 경험을 통해 감자가 영양가도 좋고 맛도 좋은 식량이라는 것을 알게 됐어. 그는 나중에 프랑스로 돌아가 감자와 감자 요리법을 널리 퍼뜨렸단다.

그리고 프로이센의 왕 프리드리히 2세도 감자를 널리 알린 주인공 중 한 명이야. 7년 전쟁으로 나라가 황폐해지고 흉년까지 들어 국민들이 굶주리자 농부들에게 감자 키우기를 권장했지. 하지만 사람들은 동물이나 먹이던 감자를 먹으려 하지 않았어. 그러자 프리드리히 2세는 '감자는 귀족만 먹어야 한다.'고 널리 알렸어. 감자를 무시하고 싫어하던 사람들은 귀족들만 먹을 수 있다는 말에 '귀한 음식인가?' 하며 너도나도 앞다투어 먹기 시작했단다. 그렇게 해서 감자 요리는 소시지와 함께 오늘날 독일의 대표 음식이 되었어.

4 달콤한 설탕 뒤에 숨은 고통

우울하고 피곤할 때 사탕이나 초콜릿처럼 단 음식을 먹으며 기분이 좋아지곤 하지? 달콤한 젤리나 음료수 등이 없는 세상이 온다면 모든 어린이가 엉엉 울어 버릴지도 몰라.

달콤한 음식을 만들 땐 대부분 설탕을 넣어 만들어. 설탕은 어린이들이 좋아하는 간식은 물론 대부분 가공 식품에 빠지지 않고 들어가 있어. 심지어 과일 주스처럼 건강을 생각해 마시는 음료에도 어마어마한 양의 설탕이 들어가 있다고 해. 하지만 설탕이 들어간 음식을 많이 먹으면 건강에 좋지 않아. 부모님들은 아이들이 단것을 많이 못 먹게 하려고 애쓰지.

그런데 몇백 년 전만 해도 설탕은 무척 귀했기 때문에 설탕이 듬뿍 들어간 음식을 먹는다는 것은 상상도 할 수 없는 일이었어. 옛날 부모님들은 오늘날처럼 아이들이 단 음식을 많이 먹을까 봐 걱정할 필요가 없었단다. 그렇다면 사람들은 언제부터 설탕을 많이 먹게 된 걸까?

설탕을 대중적으로 많이 생산한 건 신대륙 발견 이후야. 그 전에는 단맛을 낼 때 대부분 꿀을 사용했지만 꿀 또한 아주 귀한 음식이었지. 유럽과는 달리 파푸아 뉴기니 사람들은 아주 오래전부터 섬에서 자라는 사탕수수의 즙을 짜서 단맛을 냈어. 인도 사람들이 이 사탕수수의 즙을 끓이고 굳혀서 설탕을 만들기 시작하면서 단맛을 내는 새로운 재료가 탄생했어. 꿀이 없어도 단맛을 내는 설탕은 인기를 얻었고 아라비아와 유럽으로 점차 퍼져 나갔지.

하지만 사탕수수는 몹시 덥고 비가 많이 내리는 기후에서 잘 자라는 식물이기 때문에 유럽에서 사탕수수를 키우는 건 매우 어려웠어. 수로를 만들어 물을 아주 많이 끌어와야 했거든. 그리고 사탕수수를 설탕으로 만드는 과정은 힘이 많이 들었어. 설탕은 인기가 있었지만, 아주 귀하고 비쌀 수밖에 없었어.

그런데 콜럼버스가 아메리카 대륙을 발견하면서 설탕의 역사도 새로운 변화를 맞이하게 돼. 콜럼버스는 두 번째 항해 때 카리브해 연안의 섬에 사탕수수를 가져갔어. 그곳은 덥고 비가 많이 내려서 사탕수수가 아주 잘 자랐지. 하지만 이 사건은 아프리카의 흑인들에게는 비극적인 역사의 시작이 되고 말았어.

설탕은 유럽에서 비싸게 팔렸기 때문에 유럽 사람들이 아메리카 대륙의 밀림과 숲을 파헤쳐 대규모 사탕수수

농장을 만들기 시작한 거야. 사탕수수 농장들이 생겨나면서 일할 사람이 많이 필요했어. 유럽 사람들은 아프리카의 흑인들을 잡아 짐짝처럼 빽빽하게 배에 실었어. 카리브해로 실려 간 흑인들은 노예가 되어 뜨거운 햇볕 아래에서 아주 힘들게 일해야 했어. 제대로 먹지도 치료를 받지도 못했지. 흑인 노예들이 아프거나 죽으면, 다시 새로운 노예들을 배에 가득 태워 왔단다. 노예들의 고통 속에서 만들어진 설탕은 다시 배에 실려 유럽으로 전해졌어.

  설탕이 많이 만들어지자 가격은 점차 싸졌어. 사람들은 설탕을 차에 넣어 먹기도 하고 달콤한 빵과 과자를 만들어 먹기도 했어. 유럽 사람들뿐 아니라 전 세계가 점차 설탕의 단맛에 빠져들었지. 오늘날까지도 인기 있는 달콤한 설탕 속에는 흑인 노예의 쓰디쓴 역사가 담겨 있어.

5. 피자에 토마토소스가 없었다고?

피자는 오늘날 전 세계 사람들이 즐기는 인기 있는 음식 중 하나야. 피자는 밀가루 반죽을 둥글넓적하게 만들어 그 위에 원하는 재료들을 올리고 화덕이나 오븐에 구워 낸 음식이지.

미국의 피자 전문점이 세계에 널리 퍼져 있어서 피자를 미국 음식이라고 생각하는 사람들도 있지만 피자의 고향은 바로 이탈리아야. 이탈리아의 피자가 미국 사람들에게 전해지면서 미국식 피자 전문점이 생겨난 거란다.

이탈리아에서 유명한 피자 중 하나는 바로 마르게리타 피자야. 이탈리아 정부가 지정한 나폴리 3대 피자의 하나로 재료와 만드는 방법까지 엄격하게 정해져 있지. 피자 반죽 위에 얹는 토마토와 바질, 모차렐라 치즈가 보여 주는 맛과 멋의 조합이 훌륭한 피자야.

사실 이탈리아 사람들은 아주 오래전부터 피자와 비슷한 음식을 만들어 먹었다고 해. 그리스와 로마는 물론 지중해 연안에 살던 사람들은 모두 피자처럼 생긴 넓적한 빵을 주식으로 먹었거든. 폼페이 유적에서 발견된 고대 로마의 빵은 오늘날 피자의 모양과 아주 비슷해서 사람들을 깜짝 놀라게 했어.

이탈리아 사람들은 정통 피자라면 반드시 토마토소

> **폼페이**
> 이탈리아 남부에 있던 고대 도시야. 79년에 일어난 베수비오 화산 폭발로 도시 전체가 묻혀 버렸다가 18세기에 발굴되었지.

스가 올라가야 한다고 생각해. 나폴리 3대 피자에도 모두 토마토소스가 올라가지. 그런데 500여 년 전만 해도 이탈리아에는 토마토소스가 없었어. 유럽에서는 토마토가 나지 않았거든.

토마토소스가 없는 피자라니 정말 상상이 되지 않지? 토마토는 원래 감자처럼 아메리카 대륙에서만 자랐어. 콜럼버스가 아메리카 대륙을 발견한 뒤에 유럽에 전해진 작물 중 하나지. 이처럼 아메리카 대륙과 유럽 대륙에서 각각의 식자재와 문화가 오가면서 새로운 조리법도 생겨나고 음식의 종류도 더 다양해졌단다.

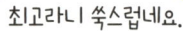 **최고의 피자 요리사의 인터뷰 - 마르게리타 피자의 비밀!**

 당신이 최고의 피자 요리사, 돈 라파엘 에스폰트인가요?

 최고라니 쑥스럽네요.

 사람들이 당신의 피자를 여왕의 이름을 따서 마르게리타 피자라고 하던데, 어떻게 만들게 되었나요?

 1889년에 마르게리타 여왕님이 나폴리에 방문하셨을 때 여왕님을 위해 만든 피자예요. 바질의 초록색, 치즈의 하얀색, 토마토의 빨간색은 이탈리아 국기를 상징하죠.

 뜻도 좋고, 맛도 좋았어요!

 아, 그래서 여왕님의 이름을 딴 마르게리타 피자가 탄생하게 되었군요.

콜럼버스 교환

콜럼버스가 아메리카 대륙 원주민에게 가져온 물건을 보여 주는 모습

콜럼버스가 아메리카 대륙을 발견한 뒤에 다양한 음식 재료들이 대륙과 대륙을 넘나들며 전 세계로 퍼져 나가기 시작했어. 유럽 사람들은 사과, 오렌지, 커피, 밀, 쌀 등을 아메리카 대륙에 퍼뜨렸고, 옥수수, 감자, 토마토 등을 유럽으로 가져왔지. 이런 작물의 교환을 '콜럼버스 교환'이라고 부른단다. 물론 다른 문화권 사이에 음식과 식자재들이 전파되는 일은 그 전부터 있었어. 하지만 각 대륙의 식자재와 음식이 본격적으로 전 세계로 퍼져 나가기 시작한 것은 바로 이때부터지. 그래서 콜럼버스 교환은 음식의 역사에서 아주 중요한 사건이야. 하지만 콜럼버스의 교환으로 맛있는 식자재들만 전달되었던 건 아니야. 다양한 동물, 미생물, 그리고 천연두나 홍역 등의 질병까지 교환되어 각 대륙의 생태계까지 여러 변화가 일어났단다.

오늘날에는 산업과 교통이 발달했기 때문에 그 어느 때보다도
다양한 음식을 맛볼 수 있어.
이제는 먹기 위해 직접 곡식과 가축을 기를 필요도 없어졌지.
사람들은 더 빠르게 더 맛있는 음식을 먹게 되었단다.
그리고 과학의 발전도 음식에 많은 변화를 가져왔어.
옛날 사람들은 상상조차 할 수 없었던
현대의 음식에는 어떤 것들이 있을까?
그리고 이런 음식들은 오늘날 인류의 역사에
어떤 영향을 미치고 있는 걸까?

제5장

미래의 먹거리, 더 맛있게 더 빠르게

1 세계에서 가장 비싼 수프는?

　세계에서 가장 비싼 수프는 무엇일까? 상어의 지느러미를 넣었다는 샥스핀 수프나 유명한 일류 요리사가 만든 수프일까? 아니면 세상에 단 하나뿐인 수프라도 있는 걸까? 세계에서 가장 비싼 수프는 아마 앤디 워홀의 미술 작품인 〈캠벨 수프 캔〉일 거야. 이 작품은 1995년에 미술관에 팔릴 당시에 1,450만 달러, 그러니까 우리나라 돈으로 약 150억 원 정도에 팔렸다고 해.

　하지만 앤디 워홀이 이 작품을 발표한 당시만 해도 사람들은 슈퍼마켓에 있는 진짜가 더 비싸다며 비웃었대. 작품의 소재가 된 캠벨 수프는 슈퍼마켓에서 값싸게 사서 먹을 수 있는 통조림 음식이었거든. 앤디 워홀은 왜 아름다운 풍경이나 인물도 아닌 통조림을 작품으로 그렸을까?

　과학이 발달하면서 인류의 음식 문화에는 큰 변화가 생기기 시작했어. 특히 18세기 후반 산업 혁명의 시대를 맞이하면서 그 변화는 더욱 빨라졌어. 기계가 발달하고 물건들이 대량으로 만들어지면서 모든 상품에 대한 인식이 바뀌기 시작한 거야. 그중에서 음식에 관련한 변화는 획기적이었지.

　인류의 오랜 숙제가 뭐야? 굶주림에서 벗어나는 거잖아. 그러니 과학의 발달은 자연스럽게 식량 문제 해결로 이어졌어. 씨를 뿌려 주는 파종기, 밭을 가는 트랙터, 수확하는 콤바인 기계 등을 이용해 농사를 지으면서 농사일의 속도

도 빨라지고 규모도 늘어났어. 화학 비료가 생기면서 똑같이 농사를 지었을 때 수확할 수 있는 양도 많아졌어.

또 철도와 같은 운송 수단이 발달하면서 음식의 재료를 먼 곳까지 빠르게 이동시킬 수 있게 되었어. 그전까지 사람들은 자기 주변에서 난 식재료를 이용해 음식을 먹어야 했기 때문에 한 지역의 인구가 너무 늘어나면 식량이 부족할 수

밖에 없었지. 하지만 식자재를 상하지 않게 멀리 이동시킬 수 있는 기술이 생겨나면서 상황은 달라졌어. 이제 인구가 늘더라도 먼 지역에서 식자재를 공급할 수 있게 되자 도시는 급속도로 성장했지.

게다가 기술이 발달하면서 사람들은 전에는 상상하지 못했던 음식을 먹을 수 있었어. 바로 공장에서 만들어진 인스턴트식품이야. 시리얼, 과자, 초콜릿, 전자레인지용 팝콘, 통조림과 냉동식품 등 다양한 인스턴트식품이 쏟아져 나왔어. 쉽게 상하지 않고 보관이나 운반도 간편하며 빠르게 만들어 먹을 수 있었지. 각 가정이나 식당에서 직접 만들어야 했던 음식을 공장에서 대량으로 만들어 슈퍼마켓에 진열해 놓은 거야.

인스턴트식품은 시간을 쪼개 바쁘게 살아가는 현대인들에게 인기를 끌었단다. 오랜 세월 인류가 더 많이 더 맛있게 먹는 것에 힘을 쏟았다면 현대의 인류는 더 빠르게 더 간편하게 먹는 것을 중요하게 여기기 시작했어.

캠벨 수프 통조림도 이런 인스턴트식품의 하나였어. 캠벨 수프는 당시 미국에서 널리 팔리던 흔한 통조림으로 앤디 워홀도 자주 먹었던 음식이야. 앤디 워홀은 현대 사회의 특징이 대량 생산과 대량 소비라고 생각하고 이걸 예술 작품으로 표현한 거야. 공장에서 찍어 내는 캠벨 수프 캔처럼 찍어 내기만 하면 대량으로 작품을 만들 수 있는 판화 기법을 통해 작품을 만들었지.

 ## 통조림은 어떻게 만들어졌을까?

전쟁을 할 때 오래 보관할 수 있고 병사들이 간편하게 먹을 수 있는 음식은 전쟁의 승패를 가를 정도로 중요한 요소였어. 프랑스 나폴레옹 장군은 전쟁 때 병사들이 굶주리지 않을 방법 연구하게 했어. 프랑스의 요리사이자 양조가였던 니콜라 아페르는 통조림의 시초가 된 병조림을 개발했단다. 병조림은 유리병에 음식을 넣고 코르크 마개로 막은 후 촛농을 녹여 밀봉하고 뜨거운 물로 살균하는 방법이었어. 병조림 덕분이었는지 프랑스 군대는 유럽 전역에서 승리를 거두었어. 하지만 병조림은 깨지기가 쉽다는 게 큰 단점이었어. 라이벌이었던 영국에서는 병조림을 업그레이드할 방법을 찾다가 홍차를 담은 통에서 아이디어를 얻어 통조림을 만들었어. 1812년, 영국에 세계 최초의 통조림 공장이 세워졌지. 그 후 통조림은 계속해서 그 기술이 발전했단다. 1937년 미국에서는 팔고 남은 자투리 고기를 가공해 통조림을 만들었는데, 그 통조림이 오늘날에도 유명한 햄인 '스팸'이야. 스팸은 제2차 세계 대전 때 군인들이 고기 대신 간편하게 먹으면서 세계적으로 유명해졌지.

2 경제 잡지에 등장한 햄버거

　오늘날 전 세계로 널리 퍼진 음식점을 하나 꼽으라면 아마 햄버거 등 패스트푸드를 파는 '맥도날드'일 거야. 이 회사는 전 세계 120여 개 나라에 진출해 있어 맥도날드가 없는 나라는 손에 꼽을 정도야.

　햄버거의 고향은 미국이라고 할 수 있어. 햄버그스테이크는 독일에서 시작되었지만 이것을 빵 사이에 끼워 햄버거를 만들고 유행시킨 것은 미국 사람들이야. 재료를 모두 겹쳐 빠르고 맛있게 먹을 수 있는 햄버거는 바쁜 노동자들에게 큰 인기를 끌었어.

　1948년 맥도날드 형제는 자신들의 이름을 딴 햄버거 가게를 차렸어. 마치 공장에서 물건을 만드는 것처럼 조립 라인을 이용해 햄버거를 만들었지. 미리 생산된 재료들을 가져와 가게에서 익히고 조합하는 방식을 사용했어.

　그때 레이먼드 크록이라는 사람은 맥도날드의 모든 상권을 사서 본격적으로 프랜차이즈 체인 사업을 시작했어. 프랜차이즈 사업은 여러 지역의 가게가 본사에서 정한 똑같은 이름, 인테리어, 메뉴, 서비스 등을 제공하는 사업으로 당시엔 새로운 방식의 사업이었어. 프랜차이즈 방식으로 맥도날드는 세계적인 기업으로 성장할 수 있었지. 제2차 세계 대전 이후 미국이 세계의 주도권을 잡으면서 미국 기업이 전 세계적으로 크게 성장하는 계기가 되었어.

맥도날드의 기세는 대단했어. 1990년에는 미국과 대립 관계였던 사회주의 국가 러시아의 수도 모스크바에도 맥도날드가 생겨났고, 2018년 무렵에는 전 세계에 3만 8천여 개의 점포가 세워졌다고 해.

맥도날드가 없는 나라가 거의 없을 정도이다 보니 영국의 유명한 경제 잡지 「이코노미스트」에서는 세계의 물가와 화폐를 비교할 때 맥도날드의 햄버거 가

내가 먹는 빅맥이 물가의 기준이 되다니!

격을 기준으로 하면 되겠다는 아이디어를 냈어. 맥도날드의 대표 햄버거인 '빅맥'이 각 나라에서 팔리는 가격을 달러로 바꿔 화폐 가치와 물가를 비교하는 거야. 이걸 '빅맥 지수'라고 해. 「이코노미스트」에서는 1986년부터 지금까지 매년 빅맥 지수를 발표하고 있단다.

햄버거의 단짝, 콜라

콜라의 대명사인 코카콜라 회사가 낸 콜라 광고

콜라는 햄버거와 짝을 이루는 탄산음료로 햄버거와 함께 미국 문화를 상징해. 지금은 몸에 좋지 않은 음료로 여겨져 부모들이 어린아이에게 자주 먹지 않도록 교육하지만 처음에는 몸에 좋은 음료라 하여 약국에서 팔았어. 1886년 미국의 한 약사가 코카의 잎, 콜라의 열매, 탄산수, 설탕 등을 주원료로 만들었는데 처음에는 음료가 아니라 약으로 개발했거든. 이후에 이 기술을 사들인 사람이 음료로 만들어 팔면서 큰 인기를 얻게 된 거야. 인기가 높아지자 1930년대부터 미국에는 햄버거와 함께 콜라를 먹는 습관까지 생겨났어. 제2차 세계 대전 때는 미군들이 마실 수 있도록 세계 각지에 공장을 세우면서 콜라는 전 세계로 퍼져 나가기 시작했어.

3   더 느리게 더 건강하게!

인도 맥도날드에는 소고기나 돼지고기가 들어간 햄버거가 없다는 거 알아? 소고기나 돼지고기가 들어가지 않는다면 어떻게 햄버거를 만들까? 대신 치킨이나 야채를 이용한 메뉴가 많다고 해. 인도 사람 중에는 종교적인 이유로 소고기나 돼지고기를 먹지 않는 사람이 많기 때문이야. 이렇게 맥도날드는 여러 나라의 다른 문화에도 잘 적응하며 세계인의 음식이 되었어.

그런데 신기하게도 사람들이 잘 사 먹지 않아 맥도날드가 없어진 나라도 있다고 해. 전 세계인의 입맛을 사로잡은 햄버거를 싫어하는 나라가 있다니 정말 놀랍지? 바로 남아메리카에 있는 볼리비아의 이야기야. 볼리비아 사람들에게 음식은 시간을 들여 정성과 애정을 담아 만드는 것으로 아주 소중하게 생각하는 문화라고 해. 그래서 최대한 빠르고, 간편하게 먹는다는 패스트푸드의 철학이 탐탁하게 여겨지지 않았던 거야. 사람들이 사 먹지 않으니 계속 손해가 났고, 결국 맥도날드는 볼리비아에서 사업을 접어야 했어.

이처럼 많은 사람이 '더 빠르게 더 간편하게!'를 외칠 때 그것에 반대하며 '더 느리게 더 건강하게!'를 외치는 사람들도 생겨났어. 바로 슬로푸드 운동을 하는 사람들이었지. 슬로푸드 운동은 1986년 이탈리아의 작은 마을에 살던 카를로 페트리니가 친구들과 함께 시작했어. 패스트푸드 가게가 로마 에스파냐 광

장에 들어서며 이탈리아의 전통문화와 음식을 위협하는 모습에 충격을 받은 게 계기가 되었지.

　이 운동은 1989년 프랑스 파리에서 세계 각국의 대표들이 모여 '슬로푸드 선언'을 하면서 국제적인 운동으로 발전했어. 슬로푸드 운동은 전통적인 식자재와 다양한 요리법을 지키고, 건강에 좋은 음식을 여유 있게 즐기기를 권장하고 있어. 본부는 이탈리아에 있는데 전 세계에 8만 명 이상의 회원이 있다고 해.

　사실 대부분의 패스트푸드는 좋은 재료로 만든 건강한 음식보다는 싼값과 자극적인 맛에 신경을 쓰는 경우가 많아. 패스트푸드에는 화학조미료나 설탕, 소금 등이 많이 들어 있어서 아주 맛있게 느껴져. 우리 혀와 두뇌를 자극시켜 계속해서 먹고 싶도록 만들지. 하지만 열량이 매우 높고 우리 몸에 좋은 영양소는 적게 들어 있어. 그래서 패스트푸드를 많이 먹으면 비만의 원인이 되고 심장병, 고혈압 등 성인병에 걸릴 위험도 높아진다고 해. 또 대량으로 식재료를 얻기 위해 한꺼번에 많은 동물을 사육하면서 여러 문제가 발생하기도 해.

이제 사람들은 패스트푸드를 위험한 식품으로 여기기 시작했어. 그래서 패스트푸드처럼 자극적인 맛에 길들여지는 것을 거부하고 더 느리게 만든 건강한 음식에 대해 관심을 갖기 시작한 거야.

푸드 마일리지란 무엇일까?

비행기를 타면 마일리지가 쌓이듯 채소나 과일 등의 먹거리가 생산한 사람을 떠나 우리 식탁에 오르기까지의 거리를 푸드 마일리지라고 해. 푸드 마일리지는 식품의 무게에 이동한 거리를 곱해서 계산해. 이 계산법은 1994년 영국의 환경 운동가 팀 랭이 만든 개념이야. 푸드 마일리지가 높은 음식은 먼 거리를 이동하는 동안 신선하게 유지하기 위해 살충제나 방부제를 많이 사용하게 되고, 운송하면서 이산화탄소를 많이 배출하게 돼서 환경에 부담을 많이 준다고 해. 로컬 푸드처럼 자기 지역에서 생산하거나 푸드 마일리지가 적은 음식을 먹는 게 환경을 보호하고 우리의 건강을 지키는 데도 도움이 된다는 뜻을 가지고 있지.

4 프랑켄슈타인 푸드가 있다고?

현대 사회의 식탁을 차지하는 음식물 중에는 프랑켄푸드라고 불리는 음식들이 있어. 프랑켄푸드는 19세기 영국의 작가가 쓴 소설에 나오는 괴물인 프랑켄슈타인과 음식을 뜻하는 푸드가 합해져서 만들어진 말이야. 소설 속에서 프랑켄슈타인은 학자가 시체를 이용해 거대한 인형을 만들고 생명을 불어넣어 만들었다고 나와. 학자가 만들어 낸 괴물처럼 과학을 이용해 유전자를 변형시켜 키운 농산물로 만든 식품을 프랑켄푸드라고 해.

무시무시한 괴물 이름이 붙은 음식이라니 좀 무섭지? 하지만 사실은 우리 주변에서 흔히 볼 수 있어. 옥수수는 대표적인 유전자 조작 농산물로 이외에도 콩, 토마토 등 다양한 농산물이 이미 유전자 조작을 통해 생산되고 있어.

인류는 아주 오랜 세월 동안 더 많은 식량을 구하기 위해 노력했어. 고대에도 이미 비슷한 작물들을 서로 교배해서 더 맛있고 더 많이 수확할 수 있는 작물을 만들어 냈을 정도니까. 현대에 와서는 과학이 발전하면서 생명 공학 기술을 이용해 사람들이 원하는 대로 식물을 조작하게 되었어. 비슷한 종의 식물뿐 아니라 종이 다른 식물의 유전자를 섞거나 재배열할 수 있게 된 거야. 그 결과 해충에 강하고, 맛도 좋고, 수확량도 큰 식물을 만들어 낼 수 있었지. 그리고 식물뿐 아니라 동물의 유전자를 조작해 메기나 소 등의 몸집을 키우거나 빨리

자라도록 하는 것도 가능해졌어. 사람이 원하는 대로 동식물을 조작해 키울 수 있다면 좋은 점이 많을 텐데 왜 무시무시한 이름을 붙였을까?

사실 유전자 조작 농산물을 가리키는 원래 이름은 GMO야. 프랑켄푸드는 유전자 조작에 반대하는 사람들이 만들어 낸 별명이야. 반대하는 사람들은 유전자를 조작해 만든 식자재가 인류 역사상 먹어 본 적이 없고, 자연의 섭리에서 벗어나 인공적으로 조작한 것이므로 위험하다고 생각해. 당장은 문제가 없어 보여도 몇 세대를 거치면서 사람이나 환경에 나쁜 영향을 끼칠 수도 있다는 것이지. 심하게 말하면 안전성이 검증되지 않은 식품을 사람에 실험하는 것이나 다를 바 없다고도 해. 그래서 Non-GMO 식품을 먹자고 이야기하지.

> **Non-GMO 식품**
> 'Non-GMO'라고 쓰인 식품은 유전자 조작 농산물을 사용하지 않은 식재료라는 표시야. GMO 식품에 반대한다면 이 표시가 쓰인 상품을 찾으면 돼.

찬성하는 사람들은 유전자 조작 농산물이 아직 문제가 없고 인류의 부족한 식량 문제를 해결하는 데 큰 도움이 된다고 말해. 또 살충제와 물도 적게 들기 때문에 환경에도 도움이 된다고 한단다.

찬반 논쟁은 있지만 유전자 조작 식품에 대한 연구는 계속되고 있어. 뚜렷한 부작용이 나타나지 않는다면 유전자 조작 식품에 대한 연구와 개발은 계속 이루어지고 우리 식탁에서 더 많이 만나게 될 거야. 이런 식품을 먹어야 할지 말아야 할지에 대한 사람들의 고민도 계속되겠지?

배부른 사람들, 배고픈 사람들

세계 식량 안전 보장을 위해 활동하는 세계 식량 계획의 로고

인류 역사상 음식이 넘쳐나서 문제가 된 적이 있었을까? 인류는 늘 굶주림을 해결하기 위해 노력해 왔어. 하지만 과학 기술이 발달하면서 식량이 풍족해졌고 1960년대에는 비만이 사회적 문제로 떠올랐어. 그 뒤로 선진국과 일부 나라에서는 다이어트가 유행하고 남는 음식물 쓰레기로 인한 환경 오염 문제가 심각해졌어. 하지만 아프리카 지역과 아시아 및 남아메리카의 일부 지역에서는 여전히 사람들이 굶어 죽거나 영양이 부족해 심각한 위기를 겪고 있지. 그래서 유엔에서 세계 식량 계획(WFP)이라는 국제기구도 만들어 활동하고 있어. 이 국제기구는 전 세계에 굶주리는 사람이 없도록 가난한 나라, 자연재해나 전쟁 등으로 힘든 지역에 식량을 원조하는 역할을 해. 그리고 미국과 복지 국가들을 중심으로 '푸드 뱅크'라는 단체도 생겨났어. 푸드 뱅크는 먹을 수 있는 식품, 호텔이나 대형 음식점에서 팔고 남은 음식 등을 기부 받아 필요한 곳에 제공하는 단체야. 이제 인류는 식량의 불균형을 해결해야 하는 과제를 얻게 된 거야.

5 최초의 우주 비행사는 무엇을 먹었을까?

만약 우주선 안에서 용기의 뚜껑을 열어 주스를 마시려고 한다면 어떤 일이 벌어질까? 액체가 방울방울 사방으로 퍼져 나가 우주선 안에 떠 있게 되겠지? 어쩌면 주스 방울들이 기계를 고장 낼 수도 있어. 이처럼 우주에서는 보통의 방법으로 음식을 먹기가 어려워.

제2차 세계 대전 이후 미국과 소련은 우주 탐사를 위해 경쟁적으로 연구를 시작했어. 그중에는 우주 비행사들이 먹어야 할 우주 식량의 개발도 포함됐지. 우주인이 우주에서 자신의 임무를 다하려면 음식을 잘 먹고 건강을 유지하는 게 무엇보다 중요할 테니 말이야.

그러나 우주선, 우주 정거장, 행성 위 우주 기지 등 무중력 상태인 우주 공간에서 먹어야 하는 우주 식량은 여러 가지 제약이 있어.

〈우주 식량의 조건〉

1. 우주 식량은 우주 화물선으로 우주 정거장까지 1년에 몇 차례로 나누어 나르기 때문에 부피와 무게가 작아야 한다.
2. 우주에는 냉장고, 냉동고 등이 없고 음식을 만들 조리 시설이 없으므로 조리 없이 먹을 수 있고 1년 동안 상온에서 보관할 수 있어야 한다.

3. 음식을 먹으면서 작은 부스러기도 떨어지지 않아야 한다.

4. 우주 비행사들에게 충분한 영양을 공급할 수 있어야 한다.

5. 몸에 이로운 미생물이더라도 우주 공간에서는 우주 비행사의 건강을 해칠 수 있기 때문에 멸균 처리가 되어 있어야 한다.

1961년에 인류 역사상 최초로 우주에 다녀온 러시아의 우주 비행사 유리 가가린은 점심 식사로 튜브에 담긴 고기 퓨레와 초콜릿 소스를 먹었다고 해. 튜브로 개발한 이유는 가볍고 휴대가 편하며 습기나 공기, 세균 등의 침입을 막아 줄 수 있기 때문이야. 그리고 지구에서는 밥을 먹으면 중력에 의해 자연스럽게 소화 기관으로 넘어가지만 우주에선 그렇지가 않아. 그래서 소화가 잘 안 될 것을 걱정해 부드러운 음식으로 만들었는데 맛은 정말 끔찍하게 없었다고 해.

아폴로 11호를 타고 달에 간 닐 암스트롱은 분말 형태의 오렌지 주스를 먹었어. 앞에서 말했듯이 무중력 상태에서는 액체 형태의 음식물은 다루기 어려워서 분말로 만든 거야. 이 주스는 상품으로도 출시되어서 일반 미국 가정에서 큰 인기를 끌기도 했어. 튜브 형태나 분말 주스 이외에도 재료를 동결 건조하는 방법도 개발되었어.

하지만 이런 우주 식량들은 퍽퍽하고 너무 맛이 없어서 우주에서 머무는 시간이 길어질수록 견디기가 힘들었어. 심지어 미국의 어떤 비행사는 샌드위치를 몰래 가져가는 바람에 우주선 안에서 빵가루가 휘몰아치는 사고를 겪기도 했대.

이제는 점점 기술이 발달해서 국이나 아이스크림 같은 것들도 우주 식량으로 만들 수 있다고 해. 한국도 인증받은 우주 식량 생산국이야. 밥, 비빔밥, 카레밥은 물론 된장국, 미역국, 사골우거짓국, 김치, 불고기, 닭갈비 등 반찬, 각

종 죽이나 고추장, 라면, 수정과, 상주 곶감 초콜릿까지 우주 식량으로 개발했어. 우주에서도 찰진 밥을 먹을 수 있다고 하니 정말 대단하지?

이제 우주인들은 우주에서 먹을 메뉴를 미리 선택할 수도 있고 우주 화물선 배달로 신선 식품도 먹을 수 있대. 태양열 에너지 장치로 음식을 조리할 수도 있고. 앞으로는 또 어떤 우주 식량이 만들어질지 기대되지 않니?

6 미래엔 무엇을 먹을까?

미래 사회를 그린 소설이나 영화에서는 사람들이 음식 대신 영양분이 모두 담긴 알약이나 과자 등을 먹고 사는 모습이 그려지기도 해. 현대인들이 불균형한 식사를 하면서 다양한 종류의 영양제들을 한 움큼씩 먹는 모습을 보면 음식이 필요 없어지는 미래가 진짜 올 것 같기도 하지?

하지만 과학자들은 우리 몸에 영양분을 공급하는 방식이 매우 복잡해서 이런 제품들만으로 음식을 대신하긴 어려울 거라고 해. 그리고 맛있는 음식이 주는 행복감도 있는데 그런 기쁨까지 포기하기도 쉽지 않을 거야.

이처럼 오늘날 인류는 단순히 맛있게 먹고 영양을 채운다는 의미를 떠나 음식에 좀 더 다양한 의미를 담고 있어. 우주에서 먹을 수 있는 음식, 건강할 수 있는 음식, 환경을 해치지 않는 음식, 빠르고 간편한 음식 등 인류의 삶의 질을 높이고 변화를 대비할 수 있는 음식이 필요해진 거야.

그렇다면 인류는 미래에 무엇을 먹게 될까? 사람들은 환경을 덜 해치면서 한정된 조건에서 더 많은 사람을 먹일 수 있는 미래 식량을 개발하는 데 관심을 쏟고 있어. 영양소가 담긴 배양액으로 식물을 키우기도 하고 우주에서 농사를 짓는 시도도 이루어지고, 가축을 직접 키우는 대신 세포를 이용해 실험실에서 고기를 만들어 내는 연구도 이루어지고 있지. 머지않아 우주에서 생산한 농산물이 지구로 배달되고 실험실에서 만든 고기를 먹게 될지도 몰라.

또한 유엔 식량 농업 기구는 곤충을 미래의 식량난 해결책으로 꼽기도 했어. 번데기, 갈색거저리 유충 등 이미 여러 식용 곤충들이 있고 뉴욕에선 친환경 귀뚜라미 버거를 시도하기도 했지. 곤충은 성장이 빠르고 번식력이 좋아 대량 생산이 가능해. 작지만 단백질 등 영양소도 풍부하지. 게다가 가축을 키우는 것보다 환경도 덜 오염시킨다고 해.

앞으로 인류가 무엇을 먹게 될지 상상만 할 뿐 정확히 알 수는 없어. 하지만 늘 그랬듯 미래의 음식에도 인류의 역사와 문화가 고스란히 담겨 있을 거야.

이 식량을 지구까지 배달해 줘요!

참고문헌

린다 시비텔로, 『인류 역사에 담긴 음식문화 이야기』, 도서출판린

레이 태너힐, 『음식의 역사』, 우물이있는집

도현신, 『전쟁이 요리한 음식의 역사』, 시대의 창

홍익희, 『세상을 바꾼 음식 이야기』, 세종서적

펠리페 페르난데스-아르메스토, 『음식의 세계사 여덟 번의 혁명』, 소와당

빌 프라이스, 『푸드 오디세이』, 페이퍼스토리

김정희, 『음식패설』, 앤길

찰스 B. 헤이저 2세, 『문명의 씨앗, 음식의 역사』, 가람기획

강재호『지리 레시피』, 황금비율

이여신, 『그림에 차려진 식탁들』, 예문당

주영하, 『맛있는 세계사』, 소와당

폴라 에이어, 『청소년을 위한 음식의 사회학』, 그린북

김아리, 『음식을 바꾼 문화 세계를 바꾼 음식』, 아이세움

김선희, 『둥글둥글 지구촌 음식 이야기』, 풀빛